植草学園ブックス
特別支援シリーズ10

今日から
できる！

小学校の交流及び共同学習

障害者理解教育との一体的な推進をめざして

佐藤 愼二・向野 紀子・森 英則　著

はじめに

☆交流及び共同学習をどのように進めていますか?

　「参加が可能な教科等の授業で交流しているものの、本当に『交流』になっているのか?」というもどかしさを抱える読者が多いのではないでしょうか。小学校特別支援学級と通常の学級との交流及び共同学習については「担当同士の打ち合わせ時間を確保して…」「個別の指導計画に基づいて…」等の指摘があります。しかし、多忙化の中では、その時間的・精神的余力がないのが現状です。

　にもかかわらず、小学校内での交流及び共同学習については実践研究も関連書籍もほとんどありません。実践の手がかりそのものが少ないのです。

☆特別支援学級・通常の学級の子どもの思いは?

　そのような現実の中で、子ども自身は交流に対してどのような思いを抱いているのでしょうか?支援学級の子どもの「生きる力」「自立と社会参加」に結びついているのでしょうか?あわせて、通常の学級の子どもの「豊かな人間性」を育む学習になっているのでしょうか?……どの子も本音で楽しみにする充実した交流の時間になっているのか、子どもたちの生の声や思いも踏まえる必要がありそうです。

☆特別支援学級の授業で展開する交流及び共同学習

　特別支援学級は在籍する子どものホームルームです。極論すれば、「先生!交流よりこの学級が楽しい!」と本音で訴えるほどに満足感と安心感に満ちた場でありたいのです。それほどに「楽しく・やりがいある活動」をまずは創造したいのです。その活動の発展として「交流及び共同学習」を展開したいのです。

　つまり、支援学級の子どもが自信と誇りを持てる活動に通常の学級の子どもを「招く」のです。そして、正に、対等に「交流」「共同」するのです。この「招く交流」の具体は本章で提案しますが、上記したような様々な課題にも応えることができるだろうと思います。その意味で、本書は「実践のための書籍」です。

☆交流及び共同学習と障害者理解教育との一体的な推進

　交流及び共同学習と障害者理解教育は共生社会の実現に向けた大きな役割も担っています。しかし、残念ながら、緒に就いたばかり……否、障害者理解教育については緒にも就いていない現実があります。本書は「支援学級に通常の学級の子どもを招く」という新たな交流及び共同学習のあり方を提案しながら、その取組と一体的に推進する障害者理解教育の検討も試みています。障害者19人の尊い命を奪った「やまゆり園事件」も踏まえ、「差別・偏見」を乗り越える障害者理解教育についても、読者のみなさんと共に考えたいと思います。

佐藤　愼二

Contents

第Ⅰ章 疑問

交流及び共同学習への率直な問い

1 「交流及び共同学習」と名付けていいのか？

　小学校等で最も一般的で、さかんに行われている交流及び共同学習は、「通常の学級の教科学習等の場に、特別支援学級在籍の子どもが個別に参加する形態」だろうと思います。特別支援学級（以下、支援学級）の子どもが通常の学級（以下、通常学級）に「行く」ことになりますので、本書ではこの形態を「行く交流」と称します。

　さて、この「行く交流」は支援学級や通常学級の子どもにとってどれほどの意義があり、教育効果を発揮しているでしょうか？障害の有無に関わりなく「場を共有する」という考え方はごく自然で、学校現場ではこの形態を一般的に交流及び共同学習と称しています。しかし、「交流及び共同学習ガイド」（文部科学省，2019）にある「豊かな人間性を育む」という観点からも、また、教科等のねらいの観点からも、課題を感じる読者の方が多いのではないでしょうか。「行く交流」は本物の「交流及び共同学習」になっているだろうかという根本的な疑問を抱いています。

「交流及び共同学習」の様子

○教室にいるだけで、機械的・義務的な交流及び共同学習になっているのではないだろうか？
○支援学級担任と通常学級担任とで連携し、目標と手立ての検討・評価・見直し等をしているだろうか？
○「トラブルさえなければいい」という暗黙の了解で継続されている実情はないだろうか？
○多忙化の中で、打ち合わせさえできない現実がある。個別的に「行く交流」のみでは、交流及び共同学習の目標に即した教育効果を高めることには限界があるのではないだろうか？
○保護者の要望だけで実施せざるを得ない現実はないだろうか？

　様々な調査等では交流及び共同学習はさかんに実施されていることになっています。しかし、その実践の内実とその教育効果については、その目標、内容、具体的な手立ての観点から真摯に検討・評価すべきことが多々ありそうです。

2 ｜ 特別支援学級の子どもの「生きる力」に結びついているのか？

　特別支援教育の目的は「自立と社会参加」です。支援学級に在籍する子どもの視点で言えば、交流及び共同学習は「自立」に結びついているでしょうか？さらに言えば、本当に「生きる力」に結びついているのかという疑問です。すなわち、"共に学ぶこと"については、「授業内容が分かり学習活動に参加している実感・達成感を持ちながら、充実した時間を過ごしつつ、生きる力を身に付けていけるかどうか、これが最も本質的な視点」（「共生社会の形成に向けたインクルーシブ教育システム構築のための特別支援教育の推進（報告）」中央教育審議会，2012）との指摘は極めて重要です。

　「個別の教育支援計画」「個別の指導計画」に位置付け、PDCA サイクルの観点で実践展開されていれば、この「本質的な視点」は担保されるでしょう。しかし、多くの交流及び共同学習は、この「本質的な視点」とはかけ離れている現実があるような気がします。支援学級の子ども目線での評価と問い直しが必要だと思います。

○子どもは授業を理解しているだろうか、そのための手立ては尽くされているだろうか？

○子どもは達成感や充実感を抱いているだろうか？

○子どもの本音は？その子どもは交流授業に本当に行きたいのか？子どもの声に耳を傾けているだろうか？

　　→ 交流授業に対して、その授業内容や友達関係に不安感はないだろうか？

　　→ 交流授業をつまらないと思っていないだろうか？

　　→ 自学級の活動での達成感・満足度が高ければ、「交流には行きたくない」子どももいるのではないだろうか？

○実際の学習は「自立」「生きる力」に結びついているだろうか？

3 通常学級の子どもの「豊かな人間性」は育まれているのか？

（1）通常学級担任の立場で

　通常学級に在籍する子どもの視点で言えば、交流及び共同学習の目標の一つである「豊かな人間性が育まれているか」、さらに言えば「豊かな人間性」を育もうとしているのか？　「豊かな人間性を育む」ということを通常学級担任がどこまで意識しているのか？　また、それを意識できる余力があるだろうか？……これらを改めて立ち止まって、検討・評価する必要があると思います。

　おそらく、「行く交流」の場合には、通常学級担任に「そこまでの余力はない」多忙な現実があるだろうと思います。逆に言えば、「行く交流」にそこまでを期待するべきではないだろうと考えられます。筆者らが行った通常学級担任に対するアンケート調査（第Ⅳ章）によれば、64％の担任が「交流及び共同学習を『難しい』」と回答しました。通常学級の子どもの「豊かな人間性」の育成や支援学級の子どもの「教科等の目標」等の観点に即して純粋に評価すれば、「交流及び共同学習は難しい」という回答が多くなるのは当然のことだろうと考えています。

（2）通常学級の子どもたちの立場で

　一方、通常学級の子どもたちはどう思っているのでしょうか。つまり、率直な子ども目線で「行く交流」（子どもからは、支援学級の友達が「来る交流」）をどう見ているのでしょうか。そのことを踏まえながら、計画・展開され、見直しがなされているでしょうか？

筆者は毎年、学生約100名の入学生（※本学の学生は「障害支援」への関心が比較的高い）にその点について、挙手による簡単なアンケート（挙手ですので、あくまでも傾向として受け止めてください）をとっています。特別支援教育が始まって10年以上が経過し、支援学級の子どもが来る交流及び共同学習を体験している学生はやはり増えています。

　さらに、交流及び共同学習を体験している学生に、「支援学級の友達と仲良くなるために、先生からの説明や関連する（障害や支援学級に関する）授業はありましたか？」との質問に対して「丁寧な説明や授業があった」「初回の前に一度あった」「説明がなかった」「覚えていない」の4択での回答を求めています。「丁寧な説明が何回かあった」と回答する学生は毎年数名です。鮮明に記憶しているだけあって、いわゆる「障害者理解教育」に近い形の授業があったのではないかと推察されます。逆に、「説明はなかった」「覚えていない」は約半数であり、この十数年間、これらの傾向に大きな変化はありません。つまり、約半数の学生は交流及び共同学習として授業にくる支援学級の友達についての説明（をされた記憶）はなく、一緒に授業を受けていたことになります。

　大学生が小学校時代を振り返っての挙手アンケートである点を割り引いて考えても、交流及び共同学習や「障害者理解教育」の現状をある程度映し出していると思われます。「毎年やっているから」という機械的な実践が想像される一方で、「いくつかの授業で（支援学級の友達が）いつもいた」という―その評価はポジティブに理解すれば―自然な状況はあったのだろうと思います。しかし、その「自然な状況」について「豊かな人間性」という観点から見直す必要はないでしょうか。

（3）誤解や偏見を避ける

　津中・深見（2019）は、同じく大学生に対して「小学校時代を振り返っての回想的アンケート」を実施し、適切な支援がなければ学年段階が上がるにつれて「（障害のある友達に対して）ネガティブな印象をもつ」と指摘しています。そして、より親しくなるために必要なこととして「一緒に過ごす時間を増やす」ことと合わせて、障害や適切な（関わり方等）説明の必要性を強調する学生が多かった点を明らかにしています（「小学校における障害を持つ児童と障害を持たない児童との関わりに関する実態把握」島根大学教育臨床総合研究（18），2019）。

　仮に、事前の説明もなく、何かトラブルがあったときに「我慢しなさい……」では不満を抱きます。「ズルイ」「怖い」等の誤解や偏見につながること

も考えられます。「共生社会」の形成をめざし、「豊かな人間性を育む」充実した交流及び共同学習や障害者理解教育の必要性が提唱されています。しかし、交流及び共同学習とその事前・事後指導や障害者理解教育そのものはまだ緒に就いたばかりか、むしろそれ以前の現実があるのではないでしょうか。

○交流及び共同学習に対して通常学級の子どもたちはどう思っているのだろうか？
　→ どうしたらいいのか？よく分からないまま、「あの子はときどき来る」というケースが多いのではないだろうか。
○本音で言えば、「できれば避けたい」交流及び共同学習になっていないだろうか？
○「豊かな人間性」は本当に育まれているだろうか？その評価はなされているだろうか？
　→ この評価がないために「障害」に対して、大変な誤解や偏見を抱いたままのケースはないだろうか？
○障害者理解教育を推進する学校体制はどの程度整っているのだろうか？

4　学校教育は「やまゆり園事件」「障害者差別」にどこまで向き合っているのか？

　全ての疑問の根底に関わるのですが、障害者19人の尊い命を奪ったやまゆり園事件（相模原障害者施設殺傷事件、2016年）に対して、学校教育はどこまで真摯に向き合ってきただろうか、ということです。交流及び共同学習・障害者理解教育は、「障害者差別」を最も悲劇的な形でさらけ出したやまゆり園事件を素通りすることはできないだろうと思います。それに本気で向き合い、掘り下げて考える必要があるだろうと思います。

　この事件を起こした植松死刑囚は、紛れもなく我が国の学校教育の中で育ちました。しかも、教師をめざしていました。「障害者は不幸しかつくらない」「社会の役に立たない」という言説は、突き詰めたときに「豊かな人間性」というメッセージだけでは歯が立たないような醜い「片刃のカミソリ」です。やまゆり園事件を乗り越える教育を創造する必要があります。それは私たち教師自身の「障害者理解」「内なる差別・偏見」を見つめ直すことでもあると思っています。これは福祉施設での事件ですが、教育界はこの問題を正面から受け止め「共生社会」を議論すべきだろうと思います。

植松死刑囚は「（勤務先の）施設の中で、職員による『障害者差別』はあった」と語っています。教師による障害のある子どもへの「体罰」「暴言」「差別的発言」は特別支援教育の世界にも多々あることを私たちは実感しています。新聞等で取り上げられる（特別支援）学校・学級における暴言や体罰事件は「氷山の一角」に過ぎません。……つまり、私たち教師自身が「障害」とどう向き合うのか―この本質的な問いを避けては「共生社会」を語れないだろうと思うのです。

　本書は実践の書です。しかし、上記のような筆者らの力量では少々荷が重い問題意識も踏まえながら、必要最低限の現状認識やそれを踏まえての提案もできればと思っています。

新たな交流及び共同学習
―特別支援学級に「招く交流」―

1 交流及び共同学習の目的

　文部科学省による「交流及び共同学習ガイド」（2019年3月改訂）によれば「……障害のある子供にとっても、障害のない子供にとっても、経験を深め、社会性を養い、豊かな人間性を育むとともに、お互いを尊重し合う大切さを学ぶ機会となるなど、大きな意義を有するものです。また、このような交流及び共同学習は、学校卒業後においても、障害のある子供にとっては、様々な人々と共に助け合って生きていく力となり、積極的な社会参加につながるとともに、障害のない子供にとっては、障害のある人に自然に言葉をかけて手助けをしたり、積極的に支援を行ったりする行動や、人々の多様な在り方を理解し、障害のある人と共に支え合う意識の醸成につながる。……交流及び共同学習は、相互の触れ合いを通じて豊かな人間性を育むことを目的とする交流の側面と、教科等のねらいの達成を目的とする共同学習の側面があり、この二つの側面を分かちがたいものとして捉え、推進していく必要」性を説いています。これを整理すれば以下のようになります。

> **＜共通する目的＞**
> 　○社会性を養う　　○豊かな人間性を育む　　○お互いを尊重し合う心
> 　○教科等のねらい
> **＜支援学級（特別支援学校）＞**
> 　○共に助け合って生きていく力　　○積極的な社会参加につなげる
> **＜通常学級＞**
> 　○障害のある人への自然な声かけ・手助けや積極的な支援行動
> 　○人の多様な在り方の理解　　○支え合う意識

上記の目的の達成のために、様々な工夫がなされることになります。小学校における支援学級と通常学級における交流及び共同学習に関しても、その工夫や形態は多様です。次にその形態について確認したいと思います。

2 交流及び共同学習の多様な形態

　そもそも交流及び共同学習にはどのような形態や場面があるのか、簡単に整理したいと思います。

（1）支援学級の子どもが通常学級に「行く交流」の場合
①個別に「行く交流」

　すでに触れたように、最も一般的に展開されている形態です。支援学級の子どもが通常学級の教科等の授業に個別的に参加する交流及び共同学習です。その課題については、先に指摘したとおりです。

②学級で「行く交流」

　例えば、月に一度、低学年の集会等に定期的なコーナーがあり、支援学級で練習を重ねてきた劇を発表したり、クイズをしたりする形態があります。

　また、支援学級の規模にもよるのですが学級全員で（あるいは当該学年の子どもたちが）通常学級に行き、子どもたちは個別に各班に入り、練習してきたカードゲームやクイズをする等の形態があります。本書では紹介はしませんが、この「学級で行く交流」は、支援学級で取り組んできた活動＝子どもたちが自信をもってできる活動を中心に、通常学級の教室で交流及び共同学習を展開できます。例えば、オリジナルカードゲームに支援学級で十分取り組んだ後に、支援学級の子どもたちが通常学級に行ってそのカードゲームで交流する形態になります。

　この形態は、次に提案する「招く交流」（「通常学級の子どもを特別支援学級の活動に招く交流及び共同学習」）と同様の教育効果も期待され、今後さらに検討・推進されるべきだろうと考えています。詳細は『入門　自閉症・情緒障害特別支援学級―今日からできる！　自立活動の授業づくり―』（拙著，2019，東洋館出版社）をぜひ参照してください。

　なお、本書では個別に「行く交流」を否定するものでは決してありません。冒頭で触れたように、目標や手立てを明確にし、適時適切に評価しながら進め

る個別に「行く交流」には十分な教育効果が期待できます。ただし、多忙感極まる学校の現実を考えると、支援学級担任と通常学級担任とがそれをさらに充実・発展させるためのハードルは高いと考えています。十分に絞り込んで個別に「行く交流」を検討する必要があると思います。

　また、本書が提案する「招く交流は準備が簡単です」ということでもありません。しかし、その準備はあくまでも「支援学級の活動」そのものになります。その発展的な延長線上に交流及び共同学習が位置付きます。そして、個別に「行く交流」では、おそらく実現することのできない教育的価値があると確信しています。それについては後述したいと思います。

（2）通常学級の子どもを支援学級に「招く交流」の場合

　私たちは本書で「**通常学級の子どもを特別支援学級に招く交流及び共同学習**」を提案します。つまり、子どもたちが自信をもって取り組んでいる支援学級の授業に、通常学級の子どもたちを招いて参加してもらう形態です。本書ではこれを「招く交流」と呼ぶことにします。この「招く交流」にもいくつかのバリエーションがあります。

①自由参加型の「招く交流」

　昼休みや長い休み時間等に、学級で準備してきたクイズ大会や遊びをしたり、（学習発表会に向けて練習を重ねてきた）合奏・劇を披露したりする形態です。ポスター・チラシ等を作成・配付することもありますが、通常学級の子どもの参加はあくまでも自由にします。なお、通常の各学級を日替わり順番で招待すれば、学級・グループを「招く交流」の形になります。

　この形態は支援学級の子どもの立場では、劇やクイズ等の練習を繰り返すことになり、また、ギャラリーが入ることによって適度な緊張感と大きな励みになる機会でもあります。

②学級・グループを「招く交流」

　次節で実践例を紹介しますが、今回強く提案したい形態です。学級で準備してきたゲームコーナーや遊び場、調理や木工作業、練習を重ねてきたカードゲーム等に「通常学級の子どもを招いて交流する形態」です。遊びやゲーム等が活動の中心になる場合には、長い休み時間等に通常学級の友だち同士で誘い合って支援学級に遊びに来る自由参加の交流に発展することもあります。

　「招く交流」は、支援学級の子ども・担任が主体となって、準備・練習・招待する「支援学級の子どもによる、支援学級プロデュースの『交流及び共同学習』」なのです。

（3）その他の形態

　これまでは、通常学級に「行く」のか支援学級に「招く」のかという視点で整理しましたが、当然、学校生活の場面別に考えることもできます。つまり、日常の教科等の時間なのか、あるいは学校行事なのかという見方もできます。現実には、様々に組み合わせて展開されることになります。

　また、「直接交流か間接交流か」という視点もあります。作品展示等は直接触れあう交流ではありませんが、間接的な意義は十分にあります。間接的な交流及び共同学習は、展開の仕方にもよりますが—後述する—いわゆる「障害者理解教育」としても検討する必要があります。

> ○支援学級の制作物を通常学級や職員室で使ってもらったり、ギャラリーが常設されていて定期的に作品展示がされたりする。
> ○児童会・生徒会活動—全校・学年集会で定期的な発表コーナーを用意する。あるいは、委員会活動、クラブ活動等も考えられる。特に、クラブ活動は本人が「好きな・やりたい活動」を選択することになるため、交流及び共同学習の機会としては貴重な活動になる。
> ○ＰＴＡ（役員会）との交流
> 　・カードゲーム　　　　・作品制作
> 　・ＰＴＡバザー単元でのコラボレーション：品物の仕分け、値札付けの協力、支援学級制品も一緒に売る等

　上記に「ＰＴＡ（役員会）との交流」とありますが、これは極めて意義深い交流及び共同学習の一つです。やはり、「保護者の考え方が子どもに影響を与える」側面は大きいと言えます。保護者の理解を得てこそ、地域全体の障害者理解も醸成され、共生社会への道筋を確かにします。ＰＴＡ役員とゲーム等で交流したり、バザー委員とコラボレーションして「ＰＴＡバザー」の成功をめざしたりする単元は、今後さらに充実・発展させたい取組です。

3　提案　—通常学級の子どもを特別支援学級に招く交流及び共同学習—

（1）「招く交流」とは？ —ある実践事例から—

　先に少し触れましたが、イメージしやすくするために「招く交流」について一つの実践事例（第Ⅳ章でも検証対象となる実践）を紹介します。

　本実践で、ユニバーサルスポーツの一つである「ボッチャ」を中心に展開しました。自閉症・情緒障害特別支援学級による「自立活動」の授業です。ボッチャという楽しいゲームには、順番を守ったり、友達とやりとりしたり、勝敗を受け止めたりする様々な要素が含まれます。自立活動として人間関係やコミュニケーションの力を高めることを目標にした授業でした。その授業を発展させて、「招く交流」を展開しました。

　通常学級の子どもたちが所属する班の数だけボッチャのグループを構成し、そこに支援学級の子どもも入りました。ボッチャに関わる諸準備や司会進行・運営は全て支援学級の子どもと教員が担いました。そして、グループ対抗戦でボッチャに取り組んだのです。もちろん、1、2回取り組んだのではなく、単元化して取り組みました。

　支援学級の子どもにとってはこれまで取り組んでいた活動の延長戦上になりますので、大変安心感がありました。また、準備・練習も含めて繰り返し取り組んできた自信もあり、リトルティーチャーのような役割も果たすことができました。その過程の中で、**自立活動で学んできた様々なスキルを通常学級の友達との関係の中で活用する機会がこの交流及び共同学習**でもありました。

　通常学級は「特別活動」の授業の位置付けでした。しかし、ボッチャそのものはとても楽しい活動でもあり、交流及び共同学習の時間を心待ちにする姿も見ることができました。これについては後ほど、作文の内容分析の結果を紹介します。

　このように支援学級（の子どもと教師）がイニシアチブを取りながら、支援学級の活動に招いて展開することになりますので、「招く交流」と名付けました。

（2）ポイントの確認
　本実践のポイントとして、以下のことをあげます。

○そもそも支援学級の子どもたちが意欲的に取り組んでいた活動であったこと
○当然、支援学級担任も取り組みやすい活動であったこと
○通常学級の子どもも含めて誰でもすぐ取り組める活動であったこと
○誰もが楽しい活動であったこと
○支援学級は「自立活動」、通常学級は「特別活動」として取り組んだこと
○支援学級主体での活動であったため、通常学級担任の負担は少なかったこと

先に交流及び共同学習の目標を確認しましたが、例えば、＜共通する目標＞である「○社会性を養う　○豊かな人間性　○お互いを尊重し合う心」は自然な形で達成しやすいのではないかと思われます。

　なお、実践上のポイントについては、実践事例を踏まえた上で、第Ⅴ章で詳細に検討します。では、次に実際の実践事例を紹介します。

交流及び共同学習の具体的展開・そのポイント

第Ⅰ章と第Ⅱ章を受けて、第Ⅲ章では「招く交流」の実践事例を通して、そのよさを確認したいと思います。

実践例 ❶
単元「開店！手作り餃子の店『ひかり亭』」

千葉県船橋市立高根台第三小学校　教諭　**向野 紀子**

1　学校・学級の概要

A小学校は、全校児童数は、約420名（当時）です。ひかり学級は、新設された知的障害特別支援学級で、子ども5名とスタートしました。

日課の中心（3、4時間目）に生活単元学習を月曜日から金曜日まで帯状に据えています。

学年	男子	女子	計
1年	1	1	2
2年	1	0	1
3年	1	0	1
4年	1	0	1
計	4	1	5

生活単元学習　年間計画表

月	単元
4月	「おやつを買って公園へ行こう」
5月	「運動会でひかり種目をやろう」
6月	「サイクリングに行こう」
7月	「野外調理をしよう」
9月	「作品を作ろう」
10月	「クッキーを作ろう」
11月	「イーストフェスティバルにクッキー屋さんを出そう」
12月	「教室完成祝いをしよう」
1月	「合同発表会で劇を発表しよう」
2月	「開店！手作り餃子の店『ひかり亭』」
3月	「お別れ会をしよう」

2 単元名 「開店！ 手作り餃子の店『ひかり亭』」

3 本単元発想のポイント
（1）新設された支援学級を知ってもらう機会に
　船橋市は、支援学級の設置率が30％程度（当時）であり、支援学級のある学校を経験している教職員は少ない状況がありました。そこで、校内に初めて支援学級ができ、子どもたちや学習の様子を教職員や通常学級の子どもたちに知ってもらう機会にしたいと考えました。

　そこで、支援学級の子どもも通常学級の子どもも好きな調理活動・食べる活動を中心とした生活単元学習を組織しようと考えました。調理活動は、大掛かりな道具や補助具は必要としないため、道具等が十分にそろっていない新設の学級でも取り組めます。また、支援学級に中国人の子どもが入学したことから、お母さんに餃子の本場の作り方を教えてもらうこととし、学級の輪を作りたいと考えました。

（2）共に楽しみ、本学級の子どもたちが認められるよい機会に
　新しく完成した支援学級のプレイルームを餃子の店「ひかり亭」にし、保護者や通常学級の友達にお客さんとして食べに来てもらうようにしました。その単元後に、通常学級の4年生と一緒に餃子を作ることにしました。作るときには、支援学級の子どもたちが先生となって作り方を教えるようにしました。

4 単元の概要
　本単元は、プレイルームを手作り餃子の店「ひかり亭」にして、学級の友達と餃子を作ったり、店の準備をしたりして楽しもうというものです。餃子は、皮から手作りにしました。中国人のお母さんに餃子の作り方を教えてもらってから餃子作りを始めました。

　餃子作りの他に店ののれんやおそろいのエプロンを作りました。餃子作りを繰り返し、学校の近くに住む学級の子どもの家に出前に行ったり、保護者や通常学級の4年生を店に招待して餃子を食べてもらったりしました。

「開店！手作り餃子の店『ひかり亭』」単元の日程計画

月日	曜	午　前	午　後	備　考
1/31	月		ラーメン店見学・会食	午前は合同発表会反省会
2/1	火	調理(講師S君のお母さん)	のれん・のぼり作り	
2	水	仕入れ	↓	
3	木	調理		
4	金	調理(開店)	後片付け	給食欠食
7	月	仕入れ(作品展見学後)	メニュー表・招待状作り	
8	火	調理	食券作り・招待状配り	
9	水	調理(4−1お客さん)	後片付け	
10	木	調理(放課後ルームの先生)		
14	月	仕入れ	招待状作り	
15	火	調理(Nさん宅出前)	後片付け・招待状配り	給食欠食
16	水	調理(4−2お客さん)		
17	木	調理・仕入れ	調理(参観者お客さん)	授業研究会
18	金	餃子パーティー	後片付け	給食欠食・懇談会

※K君は、仕入れに行った日に仕入れノートを書く。また、お客さんが来た日は、K君、A君、H君で売り上げの計算をする。

　この単元終了後には、お客さんになってもらった4年生と共に交流餃子作りを行いました。支援学級の子どもが餃子作りの先生となって、調理工程ごとの担当者が実演を行いました。その後、班ごとに餃子作りを行い、出来上がった餃子を一緒に食べました。その日の昼休みには、6年生にお客さんになってもらい、支援学級の子どもと4年生の希望者が店員となって協力して6年生に餃子をふるまいました。

5　単元の目標
(1) 支援学級の目標
　○「開店！餃子の店『ひかり亭』」の目標

　　自分の活動に進んで取り組み、学級の友達と一緒に楽しく餃子を作ってほしい。また、友達と一緒にのれん等を作って店の準備をしたり、店員となってお客さんをもてなしたりしてほしい。

　○交流餃子作りの目標

　　通常学級の友達に餃子の作り方を教えて、一緒に楽しく餃子を作ってほしい。

（2）通常学級の目標

○支援学級の友達の餃子作りの活動を知ったり、支援学級の友達のよさを見つけたりしてほしい。

○ 支援学級の友達と一緒に楽しく餃子を作り、味わい、満足感を分かち合っててほしい。

6　単元計画を立てるに当たって

（1）共に楽しむ工夫

①支援学級の子ども一人一人が餃子作りを行えるように、得意なことや興味のあることをもとにして餃子作りの調理工程を細分化し、役割分担しました。

②どの子も餃子を作れるように、フードプロセッサーや餃子包み器の利用などの調理道具の工夫をしました。

③支援学級の子どもの希望であるカウンター席を作ったり、のれんやおそろいのエプロン、三角巾を作ったりして本物の店のようにし、店員になりきれるようにしました。

④餃子作りの単元の後半に通常学級の友達にお客さんになってもらう日を設定しました。

⑤「お客様一言カード」を用意して感想を書いてもらうようにしました。

⑥交流餃子作りを行うときには、支援学級の子どもが自分の担当していた活動を実演して餃子の作り方を教えるようにしました。

⑦出来上がった餃子は、一緒に食べるようにしました。

⑧表1～表3にあるように、通常学級の友達にも分かりやすいように事前にプリントを用意しました。

あらかじめ、餃子作りのイメージを持ってもらったり、話し合いをして分担をしてもらったりして期待感を高めてもらうようにしました。

表1　「ぎょうざ作り役割分担表」

ぎょうざ作り役割分担表

　　　　　　　班　　　氏名　　　　　　　　　　　　

一緒に作るひかり組の友達　　　　　　　　　　

班でぎょうざ作りの役割を相談しましょう。

1　最初に、皮作りとあん作りの2グループに分かれます。

	役　割	担当者
皮作り	・生地作り（前日）	
	・皮をのばす。（2〜3人）	
あん作り	・玉ねぎを包丁で切る。	
	・ニラを包丁で切る。	
	・キャベツを切る。（ちぎる）	
	・キャベツをフードプロセッサーでみじん切りにする。	
	・玉ねぎをフードプロセッサーでみじん切りにする。	
	・肉に調味料と野菜を混ぜてねる。	
包み	・皮にあんを包む。	全員

2　焼く係と片づけ係に分かれます。

	役　割	担当者
焼き	・ホットプレートで焼く。	
片づけ	・道具を洗う。	
	・洗った道具をふきんでふく。	
	・調理台をふく。	
	・いすを片づけてゆかをふく。	

表2　「なかよく作ろうカード」

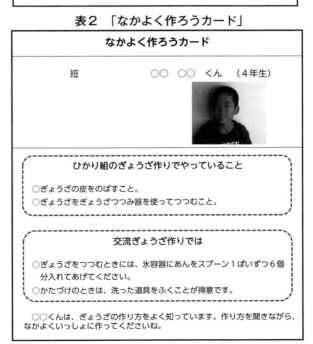

なかよく作ろうカード

　　　　　班　　　　　○○　○○　くん　（4年生）

ひかり組のぎょうざ作りでやっていること

○ぎょうざの皮をのばすこと。
○ぎょうざをぎょうざつつみ器を使ってつつむこと。

交流ぎょうざ作りでは

○ぎょうざをつつむときには、氷容器にあんをスプーン1ぱいずつ6個
　分入れてあげてください。
○かたづけのときは、洗った道具をふくことが得意です。

　○○くんは、ぎょうざの作り方をよく知っています。作り方を聞きながら、
なかよくいっしょに作ってくださいね。

表3 「チャレンジ！ぎょうざ作り」

チャレンジ！　ぎょうざ作り

　ひかり組では、生活単元学習で「ぎょうざ作り」をしてきました。皮も手作りの本格的なぎょうざ作りです。
　ひかり組の友達が作り方を説明しています。
　一緒においしいぎょうざを作ってみましょう！
　できあがったら、ひかり組の友達と一緒にランチルームで食べましょう。
　（ぎょうざは、一人5個くらいできます。給食と一緒に食べましょう。）

1　ぎょうざ作りの日（家庭科室）
　　4－1…12月20日（火）　3、4時間目（事前学習16日　2時間目）
　　4－2…12月21日（水）　3、4時間目（事前学習19日　5時間目）
　　　　　　　　　　　　　　　　※事前学習は、ランチルームで行います。

2　準備
　　ぎょうざの皮の生地作りを行います。各班1名　ひかり組プレイルームに集合してください。　（持ち物：エプロン、三角巾、マスク、ハンカチ）
　　　　4－1…12月19日（月）　昼休み
　　　　4－2…12月20日（火）　放課後

3　各班にひかり組の友達が入ります。
　　班の中でだれが何をするか決めて「役割分担表」に書きましょう。

4　持ち物
　　①エプロン　　②マスク　　③三角巾　　④ハンカチ（ポケットに入れておく。）
　　⑤食器ふき用ふきん　　　⑥台ふきん　⑦ぎょうざの作り方のプリント

5　ぎょうざ作りの日の予定
　　①家庭科室にエプロン、三角巾、マスクを付けて集合する。
　　　手は石けんで洗ってきてください。
　　②班に分かれて座る。
　　③前の調理台の周りに集まってひかり組の見本を見ます。
　　④班に分かれてぎょうざを作ります。
　　⑤ぎょうざを焼く係以外の人は、後片付けをします。
　　⑥ランチルームにぎょうざを運びます。
　　⑦給食の配ぜんをします。
　　⑧ぎょうざを作った班の友達と一緒に食べます。

6　後片付けについて
　　ランチルームのそうじと家庭科室のそうじをします。

（2）担任同士の打ち合わせの工夫と実際

①餃子作りの単元を校内授業研究会にあて、全教職員に参観してもらいました。

②お客さんとして来てもらうときは、時間調整をしたり、事前にお客様一言カードを作成したりして渡しておくようにしました。

③交流餃子作りのときはできるだけ通常学級の担任に負担を掛けないように、以下のようなことに心掛けました。

○交流日や交流時間の調整をしました。

○家庭科室の確保や全部の班の調理器具等の準備を支援学級でしました。

○あらかじめ班編制を依頼しました。学級を家庭科室のテーブルの数（8グループ）に分けてもらいました。

○餃子の皮の作り方、餃子のあんの作り方、餃子の焼き方のプリントを用意し、学級に配布してもらいました。

○交流餃子作りの材料の買い物は、支援学級が行いました。

7　子どもの様子
（1）支援学級の子ども
①「開店！餃子の店『ひかり亭』」単元

　○餃子作りを役割分担して、道具を工夫したことで一人一人の子どもが自分の活動を覚えて進んで行えるようになりました。

　○4年生をお客さんとして招待したときは、店員さんになりきって張り切って餃子を作ったり、「いらっしゃいませ」と元気に声を掛けて餃子や水を出したりする様子が見られました。

　○4年生から「ありがとう」「おいしかった」などと言われると、とてもうれしそうにしていました。

②交流餃子作り

　○調理を始める前の実演では、いつも行っている自分の役割（たとえば、キャベツをフードプロセッサーでみじん切りにするなど）を行ったため、4年生が見守る中、スムーズにあるいは誇らしげに餃子の作り方の手本を示すことができました。

　○手本を示した後に見ている4年生から自然と拍手が起こると、とてもうれしそうでした。

（2）通常学級の子ども
①お客さんとして「ひかり亭」に来て（「お客様一言カード」より）

　○ひかり組のように同じ子どもなのに、あんなにじょうずにできていたのでびっくりしました。それにぎょうざは、とてもおいしかったです。また食べたいです。

○とってもおしかったです。食べ終わって帰るときもっと食べたくて帰りたくありませんでした。今度一緒に作ってくれませんか？

② 交流餃子作りでは

○餃子作りの実演を見るときには、実演を行う家庭科室のテーブルを囲んで真剣な表情で見ていました。調理工程の一つ一つの終わりに自然と拍手が起こることもありました。

■感想アンケートより■

　感想アンケートは「１．ひかり組の友達といっしょにぎょうざを作ってどうでしたか。」「２．班の友達やひかり組の友達となかよく作れましたか。どんなふうになかよくしましたか。」の２つの設問を用意しました。

　「大変だったけど、とてもいい勉強になりました。ひかり学級のお友達もがんばっていたので自分もがんばろうという気持ちになりました。」「ひかり学級の子と先生は、とても分かりやすく説明してくれました。楽しみながら上手に作れたような気がします。本当に楽しかったです。」「ぼくは、餃子作りを勉強していてひかりさんのやり方はすごくうまくて感心しました。自分でもやってみてよかったです。お店屋さんもやることができてうれしかったです。」

○実際に餃子作りを行ったり、店員さんになったりして改めて支援学級の子どもの活動を「上手だな」「すごいな」と実感した子どももたくさんいました。

○ほとんどすべての子どもから「餃子作りはとても楽しかった」という感想が寄せられ、交流できたことを喜んでいました。また一緒に何かをしたいと交流を期待する声もたくさん上がりました。

8　交流餃子作りの継続及び発展

　その後、交流餃子作りは、４年生の福祉学習の一環として教育課程に位置付けられ、根付きました。通常学級の低学年の子どもたちは、「ぼくも４年生になったらひかり組と一緒に餃子作りができる」と楽しみにするようになりました。また、交流の仕方を以下のように改善しました。

○実演した後の餃子作りの際、支援学級の子どもが分かれて通常学級の子どもの班に入るようにし、交流を深めました。

○交流餃子作りの事前学習の日を設け、班ごとに顔合わせと調理の役割分担を行うようにしました。役割分担のために役割分担表を用意しておきました。

○餃子の皮の生地を練る活動は、通常学級の各班の代表者に朝の授業前に集まってもらい、支援学級の子どもの実演を見てから練るようにしました。

○各班の調理器具の準備は、前日の昼休みや放課後に各班の代表に集まってもらい、一緒に準備を行うようにしました。

○主指導は支援学級担任が行い、通常学級の担任がサブティーチャーとなり、支援学級担任が全体指示を行うときには、そばで支援することが必要な支援学級の子どもを通常学級の担任が見守るなどの協力を行いました。

9　調理活動を通した交流及び共同学習のよさ

○調理活動は、支援学級の子ども、通常学級の子どもにとっても楽しいものであり、お互いにとって意欲的な活動となります。

○調理活動では、まず支援学級の子どもが教える立場となって実演を行ってから一緒に調理活動を行うことができます。

○一緒に作って、一緒に食べることによって、満足感を分かち合うことができます。

○調理活動は、家庭生活でも取り組みやすく、交流したことが家庭でも話題になりやすくなります。

○一緒に調理したことがよい思い出となり、支援学級の子どもに対する見方が変わったり、また他のことも一緒にやってみたいという気持ちを育んだりすることができます。

　　　　　　　　　　※なお、本実践は過去の勤務校におけるものです。

単元「妖怪ランドで仲よく遊ぼう！」

千葉県船橋市立高根台第三小学校　教諭　**向野 紀子**

1　学校・学級の概要

　B小学校は、団地や緑豊かな県立公園付近にある小学校で、全校児童は約500名（当時）です。わかば学級は、知的障害特別支援学級です。

　日課の中心（3、4時間目）に生活単元学習を月～金まで帯状に据えています。

学年	男子	女子	計
1年	1	1	2
2年	1	0	1
3年	2	0	2
4年	3	0	3
5年	1	1	2
6年	1	0	1
計	9	2	11

※2学級ですが、学級運営は、全て合同で行っています。

生活単元学習　年間計画表

4月	「友達の家や先輩の学校に行こう」
5月	「運動会単元」
6月	「わかばハーブガーデンを作ろう」
7月	「ピザを作ろう」
9月	「妖怪さいころパズルを作ろう」
10月	「妖怪ランドで仲よく遊ぼう！」
11月	音楽集会で和太鼓を演奏しよう
12月	版画カレンダーを作ろう
1月	合同発表会で創作劇「楽しいな妖怪学校」を発表しよう
2月	6年生を送る会で「泣いた赤鬼」の劇をしよう
3月	お別れ会をしよう

2　単元名　「妖怪ランドで仲よく遊ぼう！」

3　本単元発想のポイント

（1）遊び場単元を道徳の視点から

　本校は、「豊かな心をもつ子を育てる道徳教育～自分のよさを知り、互いを認め合う児童の育成を目指して～」を全校研究テーマとしています。そこで、遊び場の単元を道徳の価値項目である「思いやり・親切」「友情・信頼」「規則の尊重」などの視点から捉えました。遊び場単元は、子どもたちにとって大変魅力的であり、主体的に活動することや友達との関わり方を体験的に学ぶことができます。

（2）共に楽しみ、本学級の子どもたちが認められるよい機会に

　遊び場単元には毎年取り組んでおり、通常学級の子どもを招待して一緒に遊ぶようにしています。本学級の子どものみならず、全校の子どもたちが楽しみにしています。通常学級の友達から認められる経験や友達を助ける経験が少なくなりがちな本学級の子どもたちが、ここでは、自信満々に「教えてあげる立場」になります。

4　単元の概要

　本単元は、建設用の足場パイプを利用して本学級プレイルームに「妖怪ランド」という学級独自の遊び場を作っていろいろな友達と遊ぼうというものです。学級の友達、通常学級の友達、近隣の学校の支援学級の友達とペアを作って一緒に遊びます。ペアで遊ぶルールにして同じ遊び場で一緒に遊ぶことにより、どの子も必ず友達と関わることになり、より密接な関わりをつくることができます。

　「妖怪ランド」には、どの子も楽しめるように6つの遊びのコーナーを作りました。P.32の図にあるように、メインとなる遊具は、幅3.6ｍの大型滑り台（滑り台①・②）と滑り台の下を暗幕で囲って作った迷路です。この2つは、子どもたちの人気第1、2位の遊具です。迷路の中では、暗さを利用してボタンを探して押すと光るような電飾を使った様々な仕掛けをしました。正しいボタンを2人が同時に押さなければ光らないこの仕掛けは、先に何回も遊んでいる本学級の子どもたちしか知りません。どのボタンを押せばよいかを教えてあげることで電飾が光るため、本学級の子どもは友達に伝えたい気持ちになります。

　さらに、プレイルームの壁の部分を利用して大きなさいころを組み合わせて絵柄を作るゲームや2人でさいころを振って合計数によってカードがもらえるゲームができるコーナーも作りました。

5　単元の目標
（1）支援学級の目標
　○「妖怪ランド」で声を掛け合ったり協力し合ったりして、学級の友達と仲よく楽しく遊んでほしい。
　○「妖怪ランド」に学級以外の友達を招待して、遊び方を教えたり、話し合ったり、譲ったりして仲よく、楽しく遊んでほしい。

（2）通常学級の目標

○「妖怪ランド」でわかば学級の友達と仲よく、楽しく遊んでほしい。

○わかば学級の友達のよいところを見つけてほしい。

6　単元計画を立てるに当たって

（1）共に楽しむ工夫

①ペアで一緒に遊ぶことでより楽しくなる遊具や遊び方を考える。

②すでに遊んでいる本学級の子どもにしか分からない仕掛けを用意する。

③知的な能力や運動能力に左右されない偶然性のある遊びも用意する。

④遊ぶ順番を待っている子どもも楽しめるように、遊び場の隣の教室で遊び場に関連するクイズ大会を行っているようにする。

（2）担任同士の打ち合わせの工夫と実際

　できるだけ通常学級の担任に負担を掛けないように心掛け、以下のようにしました。遊び場単元を校内授業研究会にし、全校の先生方に見てもらうようにもしました。

①年度当初の打ち合わせで、遊び場を作って交流したいこと、おおよその時期、交流の仕方（学級を2グループに分けて、1時限ずつ交替で交流すること）を相談しておく。

②担任の先生には、遊び場がおおよそ出来上がった頃に実際に遊び場で遊んでもらい、交流で目標とする子どもの姿の共通理解を図る。

③交流日の案や交流の仕方等の文書を作成して配り、打ち合わせをする。

④通常学級の配慮を要する子どもも確認した上で支援学級の子どもとのペアを作り、ペア表を事前に渡しておく。

⑤通常学級の子どもの名前とその下にかっこ書きでペアとなる支援学級の子どもの名前が書いてある名札を用意しておく。文字が書ける支援学級の子どもは、自分のペアになる友達分の名札を作るようにする。交流当日は、この名札（ビニールテープ製）を胸に付けてきてもらうようにする。

⑥遊び場の紹介プリントと交流後の手紙用紙を作成して事前に渡しておく。紹介プリントは交流前に配布しておいてもらう。

⑦通常学級の担任が交流前の事前指導に使えるように「仲よく遊ぶために」という遊び場での関わり方を書いた掲示物を模造紙1枚で作成し、交流前に渡しておくようにする。

7　日程計画

月日	曜	活　動　内　容	備　　考
9/ 22	月	妖怪ランドで遊ぶ。遊び方の確認	
24	水	学級の友達と遊ぶ	紹介ビデオ作り
25	木		招待状書き・配布
29	月		
30	火	a小なのはな学級の友達と遊ぶ。	
10/ 1	水		
2	木	4年1組の友達と遊ぶ（3、4校時）	
3	金		
6	月	4年3組の友達と遊ぶ（1、2校時）	
7	火	b小7組の友達と遊ぶ	
8	水		
9	木	4年2組の友達と遊ぶ（3、4校時）	
10	金	3年1組の友達と遊ぶ（3、4校時）	
14	火	3年3組の友達と遊ぶ（1、2校時）	
15	水		
16	木	3年2組の友達と遊ぶ（1、2校時）	
17	金	2年1組の友達と遊ぶ（4、5校時）	
20	月		
21	火	2年2組の友達と遊ぶ（3、4校時）	
22	水		
23	木	2年3組の友達と遊ぶ（3、4校時）	
27	月	1年2組（1、2校時）、1年1組の友達と遊ぶ（3、4校時）	
11/ 4	火	1年3組の友達と遊ぶ（3、4校時）	
5	水	c小くすのき学級の友達と遊ぶ	
6	木	d小7組、a小なのはな学級の友達と遊ぶ	
7	金	a小なのはな学級の友達と遊ぶ	
8	土	保護者と遊ぶ	土曜参観日

＜日程計画上の配慮＞

①１～４年生の全学級の友達と一緒に遊びました。最初は、関わり方がより
　上手な４年生から交流するようにしました。

②近隣の支援学級にも声を掛けて一緒に遊びました。交流前に遊び場の紹介
　ＤＶＤを渡しておくようにし、イメージがもてるようにしました。

③一緒に遊ぶときには、事前に決めておいたペアの友達と向かい合って自己
　紹介をしてから遊ぶようにしました。

④遊び終わったときは、隣の教室に集合して、どのように仲よくしたかをた

ずね、発表し合うようにしました。

⑤12月の学校祭「B小まつり」まで遊び場は解体せずに、「B小まつり」の本学級の遊びのコーナーとして展開するようにしました。

8 場の設定

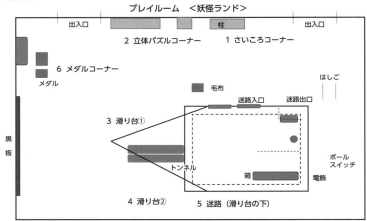

9 共に楽しむ遊具の工夫

「妖怪ランド」には、6つの遊びのコーナーがあり、ペアで6つの遊びを行います。

1 さいころコーナー

目がさいころになっている妖怪のさいころを外して転がす。出た目を合計して、合計点に応じた箱からプレゼントのカードを出す。

2 立体パズルコーナー

2人でどの妖怪の絵を作るかを相談する。協力して大きなさいころパズルを4つ組み合わせて妖怪の絵を完成させる（12の妖怪ができる）。

3　滑り台①

　2列になっているはしごを、毛布を持って上り、幅1.8 mの滑り台を2人で毛布にのって息を合わせて滑る。

4　滑り台②（①の滑り台の隣にある）

　2つのトンネルが付いている幅1.8 mの滑り台をそれぞれがトンネルに入って「いっせいのせ」の合図で同時に滑り下りる。

5　迷路（滑り台の下にある）

　暗幕で囲まれた迷路の中に2人で入っていく。

①キャラクターの絵のそばにある電飾を光らせる。

　3つの箱の中から1つを選んで緑のボールを探す。

②たくさんあるスイッチの中から2つ選んで同時に押し、キャラクターの絵の周りの電飾を光らせる。

③順番に緑のボールを筒の中に落とし入れ、キャラクターの目と胸のボタンを光らせる。

キャラクター①

キャラクター②

キャラクター③

6　メダルコーナー

①友達になるかどうかを相
　談する。

②了解が取れたら、それぞ
　れメダルを選んで持つ。

③「セットオン」と言って、
　2人で同時にメダルを
　キャラクターの穴の中に
　入れる。キャラクターの
　手が動き、声が聞こえる。

10　遊び場単元の作り方

（1）テーマを決める

　筆者が赴任してから「チーバ君ランド」「なめこランド」「妖怪ランド」「忍者ランド」と大型の遊具を設置した遊び場を作って遊び場単元を継続して展開してきました。遊び場のテーマは、子どもたちと相談して決めています。たとえば「忍者ランド」は、理科の空気の実験をしたときに「なんだか忍者みたい。」という声が上がったことから、決まりました。

（2）テーマに沿うような遊びを考える

　ペアで遊ぶことを前提にしながら、たとえば「妖怪ランド」であるなら、どのようなキャラクターの妖怪がいて、そのキャラクターを生かしたどのような遊びが考えられるか、子どもの好きな遊びにどう結び付けられるかなどを考えます（既製のキャラクターを使うときは、使用許可を取ります）。

　そして、一人一人の子どもの姿を思い浮かべながら、A君はあの遊びを楽しむだろう、B君はこの遊びを……など、どの子も楽しめる遊びを多様に用意します。また、「滑り台で遊ぼう！」などの単元であれば、遊具は一つでも毛布やクッションを用意するなど、遊び方に多様性をもたせるようにします。

（3）限られたスペースを有効に利用して

　本学級のプレイルームは、通常学級の教室と同じ広さです。柱が飛び出している箇所もあります。そのような場所をどのように区切って使用すると遊びが展開できるかを考えます。

（4）遊びやすい工夫

友達を招待して一緒に遊ぶときには、次のような工夫をしています。一つは、「遊び方を掲示しておく」ことです。本学級の子どもの説明をこの掲示によって「見える化」しておきます。二つ目は「並ぶところに足形を貼って示しておく」ことです。できるだけ床に跡を残さないように養生テープを足形に切って床に貼っておきます。並ぶ場所が明確になって順番を守りやすくなります。

（5）安全性の配慮

遊び場でもっとも配慮していることは、安全性です。建設用の足場を組むときには、業者さんに来てもらって組み方や強度の確認をしてもらっています。また、突起物があるときには、ウレタンやダンボール、布などでカバーしておくようにします。　必ず、まず教師が試してみて安全を確認します。これは、遊びの楽しさや改善点を確認することにもなります。

子どもたちが遊んでいるときには、教師も子どもとペアになって一緒に遊んだり、通常学級の子どもなどを招待したときは、ディズニーランドのキャストのようになって安全に配慮したり、子どもがより楽しめるように雰囲気を盛り上げたりします。

（6）前後の単元と関連させて

遊び場単元は、本学級の取り組むもっとも大きな単元です。そこで、一つ前の作品づくりの単元では、遊び場のテーマに関連するものを作るようにしています。たとえば、「妖怪ランド」の前には、立方体を展開図で書く、組み立てる、自分の好きな妖怪の絵を描いて、4等分して完成した立方体に貼るなどの活動に取り組みました。展開図や組み立ての部分は高学年の子どもが行うなどの役割分担をして自分オリジナルの「妖怪さいころパズル」を作りました。

11　子どもの変化
（1）支援学級の子ども

○遊び場が完成すると「遊びに来ていいよ。」と自慢気に誘っていました。

○交流を重ねるうちに案内の仕方が上手になったり、譲ることが苦手な子どもがペアの友達の希望を聞いて、その友達が次に遊びたいコーナーまで先に一緒に行ったりする様子が見られるようになりました。

○昼の校内放送で「図書マスターになったのは、○年△組の■■君です。」などと通常学級の友達の名前が呼ばれると「あっ、（遊び場のときの）ぼくのペアの子だ。」などと言って友達関係の広がりが見られました。

○廊下や昇降口で出会って通常学級の子どもに自分から声を掛ける子どももいました。

（2）通常学級の子ども

○交流後の手紙には「一緒に遊べてとても楽しかった。」「休み時間にも一緒に遊ぼうね。」と、とても多くの子どもが書いていました。

○昇降口で声を掛け合ったり、休み時間に一緒に遊んだりする様子も見られました。

○ペアの友達宛の手紙には「Ａ君が優しく案内してくれた。」「自分が困っていたらどのボタンを押せばよいかを教えてくれた。」「希望を聞いてくれた。ぼくの行きたいコーナーに先に行ってくれた。」など、本学級の子どもに感謝したり、よさを見つけてくれたりしました。

○交流のときに胸に付けたビニールテープの名札を机の引き出しケースに大切に貼っておく子どもや、遊び場の交流を継続していると「今年も○○さんとペアになりたいな。」と言っている子どももいました。

12　遊び場を通した交流及び共同学習のよさ

○遊びは、支援学級の子どもにも、通常学級の子どもにも、とても楽しいものであり、お互いにとって意欲的な活動となります。

○支援学級の独自の遊び場に通常学級の子どもを招待することで、—日常的には「教えられる・させられる立場」となることが多い—支援学級の子どもが対等に遊ぶことができたり、「教える立場」「案内する立場」になることができたりします。

○事前に遊んでいる支援学級の子どもにのみ知り得る遊びの仕掛けを用意することで、支援学級の子どもは、言葉や身振り・手振りなどそれぞれの方法で教えてあげることができ、自己肯定感が高まります。

○２人で協力するとより楽しくなる遊びを用意したり、２人で一緒に遊ぶことをルールにしたりすることで自然に関わりが生まれ、お互いに楽しむことができ、満足感を分かち合うことができます。

○一緒に楽しく遊んだ経験がよい思い出となり、支援学級の子どもに対する見方が変わったり、また他の場面でも一緒に遊んでみようという気持ちを育んだりすることができます。

※なお、本実践は過去の勤務校におけるものです。

実践例❸ 「緑化フェア」に プランターカバーを出品しよう

千葉県船橋市立高根台第三小学校　教諭　**向野 紀子**

1　学校・学級の概要

　当時のＣ小学校ひかり学級は、２年生３名（男子１名、女子２名）、３年生男子１名、４年生２名（男子１名、女子１名）、５年生女子１名、６年生男子１名の計８名、担任１名、支援員１名でした。

　本学級は、子ども主体の学校生活づくりをめざして教育課程の中心に生活単元学習を据えています。日課表は、次のとおりです。

ひかりがっきゅう　にっかひょう

じかん	月 げつようび	火 かようび	水 すいようび	木 もくようび	金 きんようび
8：10 8：30	き　が　え　・　かかりのしごと				
9：15	こくご・さんすう				
9：35	あさのかい				
	たいいく				
10：20 10：40	ぎょうかんやすみ				
	せいかつたんげんがくしゅう				
12：00					
12：10 1：05 1：25	きゅうしょくじゅんび きゅうしょく あとかたづけ・はみがき				
	ひるやすみ				
1：45	そ　う　じ		きがえ	そ　う　じ	
	ひかりタイム	おんがく	えいご	しょしゃ	としょ
2：30	き　が　え　／　れんらくちょうかき かえりのしたく　・　かえりのかい				
2：45 〜3：30		いいんかい クラブ			

2　単元名　「『緑化フェア』にプランターカバーを出品しよう」

3 単元の概要

　本単元は、船橋アンデルセン公園で開催される「第Ｘ回全国都市緑化ふなばしフェア」（以下、緑化フェア）に学級でプランターカバーを作って一般公募の寄せ植えガーデンの部に参加しようとしたものです。

　プランターカバーは、緑化フェア用の２台の他に、卒業式の装飾用に13台、６年生のＳ君へのプレゼントに１台、10月から他校に異動になる調理員さん用に４台、特注品３台の計23台を作りました。たくさん作ることによって、同じ活動の繰り返しとなり、自分から進んで活動したり、より上手に、確実に活動したりすることができるようになると考えました。同時に、自分たちの学習を広くアピールすることができ、認められたり、たくさんの人に喜んでもらえたりすると思われました。そのことによって、子どもたちは、より意欲的に活動し、より多くの自信や満足感を得ることができるだろうと考えました。

〈プランターカバー作りの工程〉

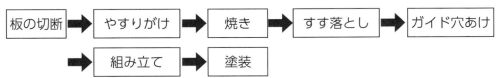

4 単元の目標
（1）支援学級の目標
　○一人一人が自分の力を発揮してプランターカバー作りに進んで取り組んでほしい。
　○友達と協力してプランターカバーを作ったり、特注品のプランターカバーを装飾したりして楽しく緑化フェアに参加し、成就感や満足感を味わってほしい。
（2）通常学級の目標
　○支援学級の友達と一緒にプランターカバーの装飾となる部品を作り、支援学級の活動の様子を知ったり、成就感を共に味わったりしてほしい。

5 単元計画を立てるに当たって
（1）共に楽しむ工夫
　○交流の前に学級内で制作工程の担当を決めて、プランターカバー作りを行うようにしました。
　○「緑化フェアニュース」を作成しプランターカバー制作の様子を知らせて

廊下に掲示したり、印刷して各学級に配布したりしました。

○通常学級の学年ごとに制作工程の担当や人数を決めて希望者を募りました。

板の切断	5年生	6名
磨き	2年生	6名
焼き	4年生	6名
すす落とし	1年生	6名
下穴開け・ニス塗り	3年生	6名
打ち付け	6年生	6名

○昼休みに作業場となっているプレイルームに来てもらい、本学級の子ども
が手本を示してから実際に制作してもらうようにしました。

○軍手や道具などを用意しておき、すぐに活動できるようにしておきました。

（2）担任同士の打ち合わせの工夫と実際

○交流の目的や活動内容、活動時間などを書いたプリントを用意して、希望
者を募ってもらうように依頼しました。

○交流時には、子どもたちのみで来ても大丈夫であることを伝えました。

6　日程計画

日程計画表

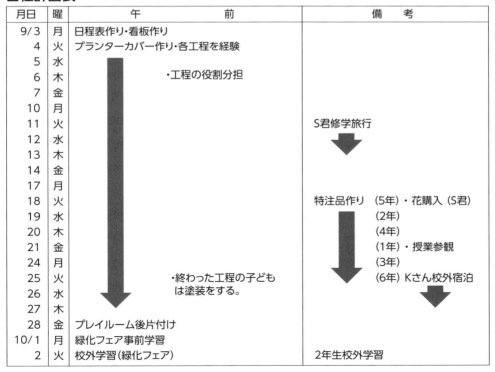

月日	曜	午　前	備　考
9/3	月	日程表作り・看板作り	
4	火	プランターカバー作り・各工程を経験	
5	水		
6	木	・工程の役割分担	
7	金		
10	月		
11	火		S君修学旅行
12	水		
13	木		
14	金		
17	月		
18	火		特注品作り　（5年）・花購入（S君）
19	水		（2年）
20	木		（4年）
21	金		（1年）・授業参観
24	月		（3年）
25	火	・終わった工程の子ども	（6年）Kさん校外宿泊
26	水	は塗装をする。	
27	木		
28	金	プレイルーム後片付け	
10/1	月	緑化フェア事前学習	
2	火	校外学習（緑化フェア）	2年生校外学習

7 場の設定

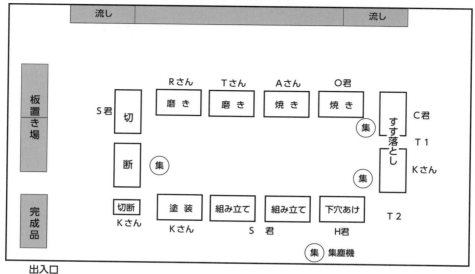

ひかりプレイルーム

8 子どもの変化

（1）支援学級の子ども

○プレイルームを「もっこうやさん」と名付けました。子どもたちは喜んで
作業着を着て「もっこうやさん」の作業員になりきりました。

○板の切断は、2種類のストッパーを利用した補助具を用意して同じ規格で
切断できるようにしました。S君が自分でストッパーを替えてメモに書い
てある枚数の板をジグソーで切断できるようになりました。

○Kさんは、のこぎりの刃がぐらつかないような木枠に角材を入れてプラン
ターカバーの足の部分を切断できるようになりました。

○Tさんは、磨きを担当しました。Tさんが自分で電動サンダーのスイッチ
を操作できるようにボタンスイッチに替え、板が動かないようにテーブル
に木枠を付けておきました。また、磨く部分が分かりやすいようにチョー
クで色を付けておくと、Tさんはチョークの色を消そうと一生懸命磨いて
いました。

○Aさんは、焼きを担当し、バーナーの扱いを覚えて板や角材の全面をむら
なく焼くことができるようになりました。

写真1　板の切断

写真2　磨き

写真3　焼き

○C君は、すす落としを担当しました。簡単な操作ですすが落とせるように電動ドリルに金たわしを付けて「すす落とし機」を作りました。C君は、板を自分で取って「すす落とし機」のカセットに入れ、カセットを押したり、引いたりしてすすを落とすことができるようになりました。

○H君は、組み立て用の下穴あけを担当しました。電動ドリルを固定した「下穴あけ機」を作り、材料の板がピッタリ入る専用の箱を作って板を入れておきました。H君は、板を「下穴あけ機」の入口に押し込み、ドリルスタンドのレバーを押して穴をあけました。その後、板をひっくり返して2つ目の穴をあけました。板の片側に2つの下穴があいたところで箱に板の向きをそろえて入れておくと、同じ操作で反対側にも2つ穴をあけ、計4個の下穴をあけることができるようになりました。

○S君は、組み立てを担当しました。組み立て用の補助具を用意すると一人で完成させることができるようになりました。

○毎日2個のプランターカバーが出来上がるようにしました。プランターカバーが出来上がると緑化フェア用、卒業式用などと札を付けてプレイルームの入口に展示しておくと、見通しをもって、意欲的に制作することができました。

○緑化フェア用のカバーには、専用の台もみんなで作り、花を入れて完成を喜び合いました。「やった～。きれい～。」とみんな大喜びでした。

○船橋アンデルセン公園への搬入には、家族の協力も得て、子どもたちはうれしそうでした。

写真4　すす落とし

写真5　下穴あけ

写真6　組み立て

写真7　プランターカバー完成

写真8　専用台作り

写真9　緑化フェア出展

○自分の担当の制作工程を一人でできるようになった支援学級の子どもたちは、通常学級の子どもたちが来ると、得意そうに実演し、やり方の説明をしました。

○道具や補助具の扱い方を説明し、「違うよ。ここにこうやって入れるんだよ。」などと材料を入れ直してあげる姿も見られました。

（2）通常学級の子ども

○見たこともないような木工の作業場に驚きながら、支援学級の子どもの実演を真剣な表情で眺めていました。

○「□君すごい。」「△君がこんなことができてびっくりした。」などと言って支援学級の子どもの活動する様子に感心していました。

○工具類に興味をもって「こうやればいいの？できた。」などと言いながら、とても意欲的に活動に取り組んでいました。

○最後にみんなで作った部材の取り付けを行った6年生は、学校出展のプランターカバーの完成を、歓声をあげて一緒に喜んでいました。

写真10　5年生 板の切断

写真11　2年生 磨き

写真12　4年生 焼き

写真13　1年生 すす落とし

写真14　3年生 下穴あけ

写真15　6年生 板の打ち付け

写真 16　特注品のプランターカバー

9　制作を主とした生活単元学習を通した交流及び共同学習

○支援学級で行っている制作活動では、一人一人の得意な活動や好きな活動・道具をもとに担当を細分化できます。一人一人に応じた道具や補助具を用意し、できる状況を整えます。それにより、全員が主体的に自分の力で制作活動に参加できます。

○上記のように、支援学級の子ども一人一人にできる状況を整えた制作活動で交流すると、通常学級の子どもから作り方を教えてもらったり、手伝ってもらったりすることがなくなります。逆に、作り方や道具の扱い方を教えながら一緒に制作をすることができます。

○通常学級では作ったことのないようなものを制作し、作り上げる満足感を分かち合うことができます。

○自分が行ったことのないような制作活動をする支援学級の子どもを見て、支援学級の学習内容を知ったり、支援学級の子どもの見方が変わったりします。

※なお、本実践は過去の勤務校におけるものです。

「人と人とのつながり」

　現在（執筆時）、新型コロナウイルス感染防止のため人と直接つながることが困難な時代になっています。そのような状況の中でも、私たちは人とつながろうとしています。リモートでの会話など間接的な方法も模索しています。本来、人間はお互いに関わり合いながら生きていること、関わり合いを積極的に求めていることを痛感しています。

　これからはコロナウイルスと共存する時代だといわれています。人とつながることが難しい時代となることが予想されます。当然、学校での交流及び共同学習にも配慮が求められます。接触や密集を避けての交流は困難です。難しいからと交流を減らすことは簡単です。しかし、つながることや交流が難しく、孤立したり、お互いの立場やよさを理解しがたい状況であったりするがゆえに、人とのつながりを大切にしたいと思います。

　人とつながる中で、「ありがとう」と言われることがあります。人から「ありがとう」と言われることは誰にとってもうれしいことです。人から感謝されることのうれしさ、喜び、満足感は、自分の存在意義をも感じさせてくれます。自分が役に立つという思いは、社会の中での自分の居場所を実感させてくれるのではないでしょうか。

　招く交流では、特別支援学級の子どもが慣れ親しんでいるテーマと活動を通常学級の子どもと共有します。そのため、特別支援学級の子どもが教える立場になることがあります。すると「ありがとう」と言われる場面がたくさん見られます。「ありがとう」と言われることが少なくなりがちな子どもたちにとって、招く交流の意義は大きいのではないかと感じています。

　人と人がつながることが難しい時代であっても、どのようにすれば人とつながることができるかを模索し、工夫し、人と人とがどこかでつながっている温かい社会、共生社会、健康な社会をめざしていきたいと思います。これまで行ってきた交流及び共同学習をどのような形にすれば実施可能なのか、より有効なのかを今こそ創意工夫すべきだと考えています。

（向野 紀子）

第 IV 章 検 証

交流及び共同学習の分析と評価

　通常学級及び支援学級担任の負担感を軽減させて連携ができ、なおかつ効果的な交流及び共同学習のよりよい在り方を追究することを目的として、ある地域の通常学級担任と支援学級担任に大規模な調査を実施しました。そこで指摘された課題を解決することも意図して、パラリンピックの競技の一つでもある「ボッチャ」を通して「招く交流」の実践を展開し、その教育効果を検証しました。ビデオ分析、インタビュー調査、質問紙調査、作文内容分析等の多角的な観点から検討・評価した結果、「招く交流」の有効性が確認されました。

　なお、ボッチャの展開に際しては、参加人数や使用教室の制約などから、コートの大きさやルールを簡易的に変更し実施しました。また、本章はあえて論文調にまとめ、「である調」になっています。

小学校における効果的な交流及び共同学習の在り方についての一考察
―通常学級を支援学級の活動に「招く交流」の授業実践を通して―

千葉県成田市立神宮寺小学校　教諭　**森　英則**

Ⅰ　問題と目的

　交流及び共同学習は、共生社会を形成する上で大きな意義を有する教育活動である。小学校学習指導要領（2017）では、「共に尊重し合いながら協働して生活していく態度を育む」と示されている。千葉県教育委員会「平成31年度学校教育指導の指針」でも「インクルーシブ教育システムの推進に向け、障害のある幼児児童生徒との交流及び共同学習の充実に努める」とある。

　小学校における支援学級と通常学級の交流及び共同学習は各地の各学校で数多く実践されている。しかし、その目的である豊かな人間性を育み仲間関係を築くに至っていないという実践上の課題も指摘されている。その背景として、通常学級担任との連携の不足により、双方の学級担任間で交流及び共同学習に対するねらいや学習内容の共通理解ができていないことがある。また、交流及び共同学習に対して通常学級担任に負担感があり、それを軽減する仕組みが整っていないことも挙げられる。その負担感を軽減させつつ、双方が共通理解を図ることのできるモデルが求められている。

　先行研究では、計画、事前準備、実践、評価等を支援学級担任が中心に進めることで教育効果を高め、通常学級担任の負担感を軽減させるモデルとして、支援学級の授業に通常学級児童を招く形態で実施する交流及び共同学習が提唱されている。星野・佐藤（2011）は、「特別支援学級の活動に通常の学級の児童を招く活動」を「招く形態」と定義し、遠藤・佐藤（2012）は、「招く交流及び共同学習は目的が明確になり、手だてが尽くしやすい。また、対等な関係で活動しやすいため、今後さらなる検討が求められる。」と述べている。

　一方、近年、障害の有無に関わりなく、対等に取り組める活動としてユニバーサルスポーツのボッチャが注目されている。そこで、本研究ではボッチャを題材にした招く形態での授業を展開することで、双方の学級の児童の関わりが深

まる交流及び共同学習の授業モデルを提案することを目的とする。

Ⅱ　研究Ⅰ

1．目的

　小学校における通常学級と支援学級間の交流及び共同学習の現状と課題を明らかにする。

2．方法

（1）対象

　A市内小学校25校の（知的障害及び自閉症・情緒障害）支援学級担任65名（回収61名93％、以下、調査A）

　A市内小学校25校の通常学級各学年主任150名（回収128名94％、以下、調査B）

（2）手続き

　2019年7月から8月に選択式と記述併用の質問紙調査を配付・回収した。主な内容は、①交流の実施形態「特別支援学級の児童が通常の学級の授業に行く（以下、行く交流）か特別支援学級の授業に通常の学級の児童を招く（以下、招く交流）」、②負担感、③難しいと感じていること。

3．結果と考察

（1）形態ごとの実施状況

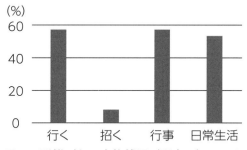

図1　形態ごとの実施状況（調査A）　n＝61

表1　形態ごとの負担感（担任の負担感）

	行く	招く
支援学級	32％	25％
通常学級	37％	25％

　通常学級との交流及び共同学習を4種類の形態に分けたときの調査A61名からの回答（図1）である。日常生活とあるのは給食や清掃等である。「招く交流」を実施している支援学級担任は実数で8名（13％）と非常に少ない。新任教員、若手教員が増えていることも背景にあり、交流及び共同学習とは、行く形態の授業や行事、日常生活で実施するものであると考える担任が多いことが示唆さ

れた。

　表1は負担感を「感じる」「やや感じる」回答の平均値である。この回答の背景には、本人がある程度できる科目や活動を中心に交流が実施されており、双方ともに負担感は少ないことが示唆される。また、「招く交流」の負担感は双方とも軽減される可能性が示されている。

（2）担任が難しいと感じたこと

　図2は「難しいと感じることがあるか」の質問についての回答である。特別支援学級の担任の72％、通常学級担任の64％が「ある」と回答した。負担感を感じることは決して多くはないものの、難しいと感じている現実が明らかにされた。

　図3は、「難しいと感じることがある」と回答した理由として考えるものを3つまで選ぶようにした回答の結果である。「実際の授業時間を合わせること」「担当者間の打ち合わせ時間の確保」「指導体制の確保」が多く挙がった。これらの背景には多忙感極まる学校現場の現状が反映されているといえよう。交流及び共同学習やそれに関わる会議等は年間計画の中に位置付け、計画的・組織的に対応する重要性が示唆される。また、「指導体制の確保」の難しさについては、支援学級児童への支援が行き届いているかどうか迷いながらの取組になっている様子がうかがえる。「招く交流」の場合は、支援学級担任が中心になり展開されるため、これらの課題にも対応しやすいことが示唆される。

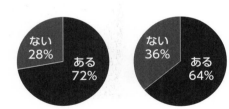

特別支援学級の担任　　通常の学級の担任
（調査A　n=61）　　　（調査B　n=128）
図2　難しいと感じることがあるか

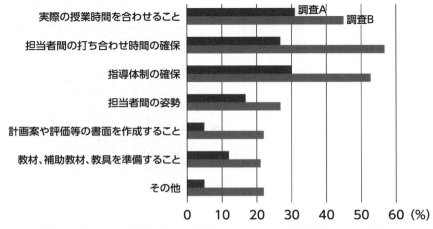

図3　難しいと感じること（調査A　n=61）（調査B　n=128）

Ⅲ　研究Ⅱ

1．目的

　研究Ⅰで指摘された課題を解消し、かつ、より一層の教育効果が期待される交流及び共同学習の授業モデルを明らかにする。

2．方法

（1）単元概要

①ねらい

＜共通目標＞

　〇パラリンピックの競技の紹介を通して障害者スポーツに興味をもつことができる。

　〇パラリンピックの価値の一つ「公平」について考えることができる。

＜それぞれの学級＞

　〇通常学級「特別活動」：支援学級の友達の名前を覚えて、一緒にボッチャができる。

　〇支援学級「自立活動」：ボッチャを一緒に行い、交流学級の友達との関わりを深める。

②単元計画の立案に当たって

　〇支援学級担任が企画立案し各学年会に参加して、当日の授業展開について説明する。

　〇当日は支援学級児童と担任が主体となり授業を進め、通常学級児童は招かれて活動を共にする形態とした。

表2　単元計画

単元名　ボッチャをしよう　（3.5 時間扱い）			
授業回数	時数	物知りコーナーの学習内容（前半10 分）	ボッチャの学習内容（後半 10 分）
第1回目	0.5	ボッチャの紹介動画	投げる体験
第2回目	1.0	ボッチャのやり方とルール	チームメンバーの自己紹介、練習
第3回目	1.5	パラリンピックの競技	練習
第4回目	2.0	パラリンピックの競技	得点計算の確認、練習
第5回目	2.5	「平等」や「公平」について	練習、感想カード（通常学級）
第6回目	3.5	ボッチャ大会、振り返り（支援学級）、感想文（通常学級）		

○表2に1クラス分の単元計画をまとめた。授業時間を確保しやすくするため、短時間学習を設定する。前半10分を「パラリンピック物知りコーナー」としてパラリンピックを中心とした障害者理解教育を進め、後半10分でボッチャを行う。6回目は「ボッチャ大会」として45分展開とする。

○対象通常学級は支援学級児童が交流に行く3年生3学級、6年生3学級合計6学級であり、表2の各回は週に1回設定する。支援学級児童（2学級合計16名）は対象となる6学級と週に1回交流するため、週に合計6回本授業に参加することになる。単元期間中ののべ回数では36回になり、支援学級児童の大きな変容も期待される。

（2）検討Ⅰ―通常学級担任の意識の変容―

①分析方法

○通常学級担任（6名）の負担感については、授業記録、単元実施後の質問紙による分析

○通常学級担任と支援学級の担任との連携については、授業記録、打ち合わせ記録、単元実施後の質問紙と面談による分析

②結果と考察

第1回目から5回目までの授業記録では、「負担感を感じる」という記述はなかった。単元実施後のアンケートの結果では、「計画や打ち合わせなどの事前準備」の項目について負担感を「やや感じる」と1名回答したが、「事前学習や当日の指導支援」「事後学習の指導支援」「評価」については、負担感を「やや感じる」や「感じる」との回答はなかった。

また、「実際の授業時間を合わせること」「打ち合わせ時間の確保」「指導体制の確保」については、短時間学習を取り入れたことで、「負担が少なかった」という回答が多かった。第6回目の大会では、45分間の授業時間であったこともあり「体育館の確保と他の行事との調整で難しいと感じた」と2名が回答した。打ち合わせ時間の確保については、支援学級担任が学年会に参加したため「負担感はなかった」「難しさは感じなかった」という回答であった。指導体制の確保については、逆に「役割分担をもう少しできるとよかった」「見守ることが多くなった」とあった。インタビューも踏まえると「支援学級担任に任せきりで、もっと手伝えることがあったのでは……」という印象であった。

さらに、パラリンピックを題材にした「障害者理解教育」を支援学級担任が展開してくれたこと、充実した交流及び共同学習の授業を展開してくれたことへの感謝が述べられていた。総じて、「招く交流」への評価がたいへん高いこ

とが示された。

（3）検討Ⅱ—支援学級児童Ａ児の変容—

①対象

支援学級に在籍するＡ児（３年生男児）。その様子及び単元目標を表３にまとめた。

表３　Ａ児について

児童の様子	自立活動の区分・項目	長期目標	単元の目標
簡単な言葉での指示を理解して行動することができる。交流学級の朝の会、体育、音楽の授業に参加している。担任か支援員が付き添って交流学級の学習に参加し、支援を受けて友達と関わっている。	3　人間関係の形成 （4）集団への参加の基礎に関すること 6　コミュニケーション （5）状況に応じたコミュニケーションに関すること	遊びやゲームのルールを少しずつ覚え、友達と一緒に楽しむことができるようになる。	・友達に話しかけられたら応じることができる。 ・自分の役割である号令係ができる。

②分析方法

映像記録（総録画時間165分）に基づき、Ａ児の行動全てを確認する。

③結果と考察

表４は、単元の目標の一つ「友達に話しかけられたら応じることができる」についての児童の変容である。第１回目と第２回目は、Ａ児が投げるときに通常学級の友達から応援の声かけがあったが、他の場面では、友達がＡ児に話しかけることはなかった。第３回目からは、友達からの働きかけに応じて行動する姿が見られるようになり、第４回目からは、チームの友達や相手チームの友

表４　Ａ児の全体的な変容

授業回数	時数	３年３組の友達との関わり（3.5時間）
第１回目	0.5	主に教師が近くで支援しており、教師の言葉かけで行動した。
第２回目	1.0	投げ方の実演を行う。投げる直前のＡ児の「いくよ」との発言で、友達が「がんばれ」「せーの」とかけ声で応じた。
第３回目	1.5	同じチームの友達が待機する場所までＡ児を案内し、一緒に行動した。順番のときにチームの友達がＡ児の名前を呼んだことで、投げる場所まで移動した。
第４回目	2.0	同じチームの友達が練習試合の場所までＡ児を案内し、一緒に行動した。順番のときに複数の友達から「Ａさんだよ」と声をかけられた。
第５回目	2.5	同じチームの複数の友達から話しかけられた。相手のチームの友達からも「上手」や「Ａさんの番だよ」と声をかけられた。
第６回目（大会）	3.5	教師や支援員がそばに付き添うことはない。試合では、待つ場所や投げる順番など必要に応じて友達が声かけしており、それに応じて活動ができていた。試合を行わない時間には、近くにいた友達に自分から話しかけることがあった。

表5　A児と友達との関わりの変容

授業回数	友達が話しかける	友達に順番がきたことを教える
第3回目	C児1	C児1、D児1
第4回目	C児2	C児2、F児2
第5回目	C児6、D児1、E児1、F児1、G児	C児1、D児1、H児1、I児1

※A児と同じチームの友達：C児、D児、E児
※相手のチームの友達：F児、G児、H児　　※数字は、いずれも働きかけた回数

達がA児に話しかけたり、順番がきたことを教えたりすることが増えた（表5）。第6回目の大会では、友達からの声かけが多い中、自分から友達に働きかける姿もあった。正に、回を重ねるごとにA児に関わる児童と回数が増え、A児自らも友達に働きかける様子が示されている。これまでの交流及び共同学習では見られない短期間での変容が示されたといえよう。

　また、本単元の目標である「自分の役割ができる」については、号令係として支援学級でも練習し、交流及び共同学習で経験を積み重ねた。そのことで、一人で全員の前に出て多くの友達が注目する中で号令をかけることができるようになり、自信を深めている様子がうかがえた。

（4）検討Ⅲ―支援学級児童B児の変容―

①対象

　支援学級に在籍するB児（6年生男児）。その様子及び単元目標を表6にまとめた。

表6　B児について

児童の様子	自立活動の区分・項目	長期目標	単元の目標
2年生程度の読み書きや1年生の算数科の計算問題ができる。音楽科、体育科、家庭科などは交流学級の授業に参加している。交流学級の友達に自分から関わることはないが、友達からの働きかけに応じることができる。	3　人間関係の形成 （4）集団への参加の基礎に関すること 6　コミュニケーション （5）状況に応じたコミュニケーションに関すること	支援学級を中心に生活し、可能な単元を交流学級で学習して自分から友達と関わる機会を増やす。	ゲームのやり方や勝敗が分かり、自分から友達に関わり、一緒にボッチャゲームができる。

②分析方法

　映像記録（総録画時間165分）に基づき、B児の行動全てを確認する。

③結果と考察

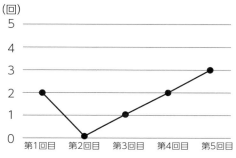

図4　B児から友達への関わりの回数

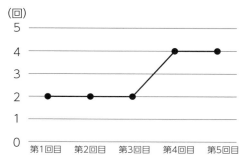

図5　友達からB児への関わりの回数

　図4は、6年1組との交流及び共同学習でのB児から友達への自発的な関わりの回数である。第1回目と第2回目の比較では減少してはいるが、第3回目からは再び増えている。また、練習試合を繰り返す中で「ジャックボールに一番近いボールの色が勝っている」ことを理解し、勝敗の行方を判断できるようになった。その自信もあり、表7のように、友達に順番を教えたり、勝敗について「今、勝っているよ。」と話しかけたりする姿が見られるようになった。

　図5は、6年1組の友達からB児への関わりの回数である。第1回目から第3回目までは2回であるが、第4回目からは4回と増えていることが分かる。また、第4回目からは会話する姿が見られるようになった。第6回目の大会では、同じチームであっても第5回目までの授業で会話する姿がなかった友達がB児に話しかけたことが複数回あった。試合を行わない時間には、チームの友達のそばに自分から移動した。

　なお、5回目の「関わり」の実際を具体的に示したのが表7である。「順番を教える」「一緒に喜ぶ」等のごく自然な関わりがお互いに見られることが分かる。これまで「6年生の交流学級」では自分から友達に関わることができなかった児童であり、その大きな変容が見られた。「お互いにもっとやりたい」「楽しい活動を共にする」ことができたからこそ、ここまでの変容が見られたと考えられる。交流及び共同学習で「どのような活動」を「どの程度行うのか」「児童が楽しいと感じるか」は児童同士の自然な関わりを考えるとき、その根本的な重要性を指摘することができる。

表7　B児と友達の関わり

児童の観察項目	第5回目授業 回　数	
	B児から	友達から
話しかける	1	2
応援する	0	0
順番を教える	1	1
順番をゆずる	0	0
ボールをわたす	0	0
そばによる	0	0
一緒に喜ぶ	1	1
その他	0	0
合　計	3	4

（5）検討Ⅳ―通常学級児童の変容―

①対象

　抽出児童12名（6年生6名、3年生6名）

②分析方法

　各授業終了後に、12名に半構造化面接を実施し、その面接記録を検討。また、感想カード（各回終了後）、感想文（最終回後）、あわせて、映像記録（総時間870分）による分析。

③結果と考察

ア．物知りコーナーの様子から

　表8は、パラリンピック物知りコーナーで学習したことについての第4回目と第5回目の授業後の質問と回答である。3年生は体験しているボッチャを中心にパラリンピックやその競技について知識面での理解を深める内容とした。

　6年生はゴールボールのアイシェードから平等や公平について考え、次時ではボッチャのクラス分けの内容やその理由について考えた。

　表8のように、6年生については回を重ねるごとに、社会的な公平性や平等等の価値観に踏み込んだ学びを深めている様子がうかがえる。このような理念・価値観に関わることを座学で学ぶだけでなく、そのすぐ後に、障害のある友達と活動を共にすることを繰り返したことも、より深い学びにつながったことが示唆される。

表8　単元「ボッチャをしよう」のパラリンピック物知りコーナー（前半10分）

授業回数	児童人数	学習内容	授業後の面接の内容
第4回目	3年生 n=5	・パラリンピックの参加国数や参加選手の人数の変化を知る。	4名が「最初は参加国が少なかった」「最初の国はイタリア」など答えた。1名は「覚えてない」と答えた。
	6年生 n=6	・ゴールボールでアイシェードを使う理由について考える。	「なぜアイシェードを使うのか」の質問について、「障害には差がある」や「人によって見え方が違うため、条件を同じにする」など、障害は一人一人違うことや公平にすることを全員が答えた。
第5回目	3年生 n=6	・ボッチャのクラス分けを知る。	クラス分けの内容を「ボッチャ2は車いすを自分で動かす」「ボッチャ3は道具を使う」など4名が答えた。2名は覚えていなかった。
	6年生 n=6	・パラリンピックの価値の一つ「公平」を知る。 ・ボッチャのクラス分けについて考える。	2名がパラリンピックの価値の一つに「公平」があることを答えた。 「ボッチャにクラス分けがある理由」の質問について、5名が「公平にする」や「平等にする」と答えた。

イ．ボッチャでの活動の様子から

（a）ボッチャでの様子

　ボッチャでの関わりについて、「支援学級の友達と話などしたか」と毎回同じ質問をした。表9は、通常学級3年生抽出児童のボッチャ練習での関わりの面での発言である。第2回目の授業では、一緒にいたことでB児の様子を見てはいたが、直接の関わりはない。第3回目になると一緒のチームでの活動の2回目であり、話しかけている。第4、5回目では明らかにB児を気にかけている様子がうかがえる。第6回授業後の感想文（自由記述）には「（B児と）ボッチャができてとても楽しかった」との文末に記述があった。

　このように共に取り組める活動の回数を重ねるごとに通常学級児童にも確かな変容が見られることが示された。

表9　3年生抽出児童のボッチャに関するインタビューから

授業回数	発言の内容
第2回目	Bさんの方が上手だった。
第3回目	「Bさん、次だよ」と話しかけた。
第4回目	修学旅行に行ったからBさんはいない。だから私のチームは弱い。
第5回目	「修学旅行どうだった」と聞いたら、（B児は）答えなかったけど笑顔だった。

（b）感想カード（3年生　n=82、6年生　n=94）から

「ボッチャは楽しかったか」「パラリンピックで見てみたい競技はあるか」「支援学級の友達と一緒に授業をした感想」の3項目について自由記述で感想を書いた。

「ボッチャは楽しかったか」では、3年生の89％、6年生の90％が「楽しかった」と答え、「初めは難しかったけど」や「やっていくうちに」など回数を重ねる中で面白さが分かったという答えが多かった。「パラリンピックで見てみたい競技はあるか」では、3年生の92％、6年生の82％が「ある」と答え、パラリンピックの様々な競技を具体的に記述していた。その中でも本単元で体験したボッチャは最も人数が多く、3年生23名、6年生44名が挙げていた。「支援学級の児童と一緒に活動した感想」では、「楽しい」82名、「仲よくなった」35名、「支援学級の児童はボッチャが上手だった」53名という回答が記述内容から読み取ることができた。

児童の感覚で「楽しい」と思える活動を通しての交流及び共同学習であるからこそ、児童ならではの自然な関わりや感情が喚起されるのであろう。「何を通して交流するのか」、すなわち、活動の選択は交流及び共同学習の効果を決定付ける大きな要因になることが示唆された。

ウ．単元終了後の自由記述作文の分析（3年生 n=74、6年生 n=88）から

（a）感想文の「内容分析」の観点と方法

練習5回、大会1回合計6回の授業で構成された単元終了後に、通常学級児童全員に自由記述作文を書いてもらった。示唆的な指示を一切行わず6回を振り返って自由に書くように指示した。それゆえ、率直な感想が記されると考えられる。記入された全ての作文に目を通し、「単元目標」を踏まえて「キーワード」を決めて、その記述回数をカウントした。なお、同一の作文に「同じキーワード」が複数回出てくる場合は1回とした。

○単元目標に即した観点として「名前を覚える」「一緒にゲームをする」「パラリンピック」に関して…「友達の名前」「楽しかった、うれしかった」「またやりたい」「協力・応援した」「仲良くできた」「パラリンピック」の記述の割合

○支援学級（の児童）に関して…「支援学級の友達はうまい・すごい」「ボッチャは難しい（※支援学級の友達はすごい）」の割合

（b）結果と考察

観　点	キーワード	３年生	６年生
単元目標に関して	パラリンピック	5%	11%
	名前	27%	2%
	楽しかった	61%	85%
	うれしかった	74%	32%
	またやりたい	32%	24%
	協力・応援した	16%	36%
	仲よくした	24%	24%
支援学級に関して	支援学級はすごい	38%	20%
	ボッチャは難しい	36%	40%

　自由記述作文でありながら、「うれしかった」「楽しかった」という記載が60～85％であり、「一緒にゲームをする」という単元目標は概ね達成されていると考えられる。また、「協力・応援・仲よく」「またやりたい」などのキーワードが自発的に記述される頻度が高かったことも今回の単元が充実していた様子を示唆している。さらに、特筆したいことは、「ボッチャは難しいのに支援学級はすごい」という自由記述が40％もみられたことは、「ボッチャ」という活動そのものの特性が「対等性」「協働性」を担保した証左といえよう。

　また、今回の感想文は「楽しかった－楽しくなかった」等の選択を一切求めず、また支援学級についてどう思ったか等の設問はしていない。にもかかわらず、上記の結果であったことは、通常学級の児童にとってもボッチャを通した「招く交流の教育効果」の高さを裏付けるものといえよう。

【参考文献】
遠藤恵美子・佐藤愼二（2012）「小学校における交流及び共同学習の現状と課題―A市の通常学級担任と特別支援学級担任への質問紙調査を通して―」植草学園短期大学紀要 第13号
星野謙一・佐藤愼二（2011）「特別支援学級における交流及び共同学習に関する実態調査―交流及び共同学習の形態に焦点を当てて―」植草学園短期大学紀要 第12号
文部科学省（2019）交流及び共同学習ガイド（2019年3月改訂）

以上のように、「招く交流」の実践に対して、量的・質的分析と評価を行い
ました。その結果、支援学級の子ども、通常学級の子ども双方にとって高い教
育効果が発揮されたことが示されました。また、担任の負担感についても検証
した結果、大きな負担感を感じる通常学級担任は皆無でした。

　本論文の「総合考察」については、第Ⅴ章において第Ⅲ章の実践の検討も踏
まえて「実践ポイント」としてまとめます。なお、本実践は『効果的な交流及
び共同学習の在り方についての一考察─招く形態の授業実践を通して─』とし
て「植草学園短期大学紀要第 21 号，2020」に掲載されています。

第 VI 章 要点

特別支援学級に「招く交流」 10の実践ポイント

★ Point 1
支援学級の実践の充実と発展こそ ―教育課程と時間割―

(1)「特別の教育課程」を大いに活用して

　第Ⅲ章・第Ⅳ章の実践例は、知的障害及び自閉症・情緒障害特別支援学級の取組です。いずれもたいへん力のこもった取組であり、支援学級の子どもだけでなく、通常学級の子どもも本気になる魅力あふれる交流及び共同学習でした。個別的に「行く交流」ではおそらく実現することのできない教育効果が期待されることを実感していただけたのではないかと思います。

　一方で、その基盤は支援学級の日常の教育活動であり、その充実・発展として交流及び共同学習が位置付いていることもご理解いただけたと思います。日頃から**子どもも教師も真剣に打ち込み、自信ある活動だからこそ、「招く」こ**とができます。そのポイントを以下に検討していきますが、その前に「教育課程」と「時間割」について確認しておきます。

　支援学級は「特別の教育課程」を組織できます。知的障害特別支援学級の取組は、教育課程上、「各教科等を合わせた指導」でした。もちろん、通常の教科等の「生活」「家庭」「体育」「総合的な学習の時間」「特別活動」等としても展開ができます。知的障害教育教科としても展開は可能ですし、「自立活動」としての位置付けも可能です。自閉症・情緒障害特別支援学級は「自立活動」でしたが、こちらも、今触れたように通常の教科等としても展開できます。

　なお、自立活動の幅の広さについては、『今日からできる！ 発達障害通級指導教室―子どもの社会性を育てる授業のアイデアと学習シート274―（植草学園ブックス特別支援シリーズ8）』（拙著，2020年，ジアース教育新社）、『入

門 自閉症・情緒障害特別支援学級―今日からできる！ 自立活動の授業づくり
―』（拙著，2019 年，東洋館出版社）にてぜひ確認してください。「自立活動」
は知的障害、自閉症・情緒障害特別支援学級を問わず、子ども目線での活動を
自由に創造し展開することが可能なのです。子どもの取り組みやすさを高める
ために大いに活用したいと思います。

（2）時間割の工夫も

　時間割は、実践例でも紹介されていましたが、できれば「全員準備」「全員参加」
できる時間割が望まれます。つまり、「招く」目標に向けて全員で準備・練習
する時間が毎日ある時間割です。「交流単元」期間中は、準備・練習も含めて、
例えば、「毎日 4 時間目は支援学級の子どもが全員集合」して、連続的に活動
できる時間割イメージです。それにより子どもにとって「毎日の生活の核」が
できることになり、張り合いも増すはずです。

　個別に「行く交流」を中心に時間割を作成すると、毎日「同じ時間帯」が難
しい場合もあります。その際は、一日に 1 時間でも学級全員で取り組める時間
を用意します。それもさらに「困難だ」という支援学級もあるかもしれません。
その場合には、一日 1 時間でもそれぞれの子どもの個別的な学習時間（例えば、
自立活動）に、交流活動に関する活動に取り組み、朝の会や帰りの会で共有し、
当日に向けての期待感を高めていくようにします。

　時間割は子どもの期待感を高めたり、見通しをもって仲間と主体的に取り組
めるようにしたりする上でとても大切です。今年度は困難でも、次年度以降に
向けてぜひ時間割の調整を検討してください。

★ Point 2

誰でも楽しい・やりがいある活動であること

（1）「楽しい・やりがい」という要件

　ボッチャは障害の有無にかかわらず誰もが取り組むことができるスポーツで
あると同時に、「楽しい」「また、○○さんと遊びたい」と思える活動でした。また、
遊び場は仮に大人が取り組んでも「楽しい」と感じるダイナミックさがあり「仕
掛け」が施されています。「つくる活動」を中心とした交流活動では、通常学
級の子どもや担任も「支援学級だからこの程度……」とは絶対に言わせないよ
うな、市販品にも引けを取らない一目置くような本格的な出来栄えでした。

　このように「やりたい」「すごいな」と、通常学級の子どもの本気度を高め「楽しさ」「やりがい」を感じることができるような「活動」を用意することが大切です。

（2）「関わりの必然性」

　ゲーム形式になれば、勝ちたいというお互いの気持も高まります。当然、「頑張れ」「あと少し」「もう一回」「〇点だよ」等の会話・コミュニケーションの必然性が高まります。「楽しい」からこそ、そして、お互いが本気になれるからこそ、「やったね」「すごいね」等の「自然な会話」が弾みます。つまり、「楽しい」「やりがいある」活動は、「自然な関わり」を活発にする重要な要件といえます。「自立活動」の「コミュニケーション」や「人間関係」の力の活用が「生きて働く知識や技能」として豊かに含まれることになります。

　そして何より、遊び場の場合は常設されるため、通常学級の子どもたちから「また、遊ぼう」「昼休みに行ってもいいの？」等の子どもらしいとても自然な関わりも生まれることになります。

★ Point 3
誰もが取り組みやすい活動であること

（1）支援学級の子どもにとって

①ニーズに応じた活動の用意

　交流活動は支援学級がイニシアチブをとって企画・立案することになります。そのため、支援学級の子どもの一人一人のニーズに応じた活動を組織しやすくなります。自由度の高い「各教科等を合わせた指導」「自立活動」を大いに活用して子どものニーズに応じた活動を立案してください。支援学級が、具体的な手立ても含めて検討し、用意することになりますので、当然、子どもたちも取り組みやすくなります。

②目的意識をもちやすい

　支援学級の子どもにとっては「今度、3年生全員を招待するよ！」というような大きな目標が掲げられれば、緊張感と同時に当然意欲も高まります。様々な事前準備・練習等を重ね、期待感を高めることができます。子どもにとっても学級の中で準備・練習を繰り返すことになりますので、自信をもって取り組みやすくなります。

（２）通常学級の子どもにとって

　支援学級で作成した「遊び場マップ」「招待状」や「ポスター」などが事前に配付されれば、「招待されるわくわく感」をかき立て、交流及び共同学習への期待感が高まりやすくなります。一方で—特に、これまで支援学級との関わりがほとんどなかった子どもたちにとっては—「招待される」緊張感もあります。その分、真剣になります。

　その雰囲気を大切に、支援学級の子どもや教師から簡単な説明を受ければ取り組める、楽しそうなやりがいのある活動がポイントになります。また、それが可能になるように、支援学級の子どもと担任が事前に「遊び場マップ」や「ペア表」を用意したり、事前に説明に行ったりする活動を展開することになります。このような活動もすでに交流及び共同学習の一環です。支援学級の子どもにとっては貴重な学習の機会になります。

　交流及び共同学習をどのように展開するのか、子どもと共にその計画立案に工夫を凝らしたいと思います。

★ Point 4

対等性・協働性を大切にできる活動の用意

　これは交流及び共同学習を考える上で、重要な要件です。第Ⅵ章で検討しますが、中途半端な交流及び共同学習・障害者理解教育の問題点は「誤った障害理解」「偏見の助長」に結びつく可能性があります。「対等性・協働性」を担保し、交流及び共同学習の目標である「お互いのよさ・できること」に気づき、尊重し合う気持ちを育む必要があります。

（１）対等性・協働性を担保する活動の創造・選択

　ボッチャは障害の有無にかかわらず、誰もが取り組むことができるユニバーサルスポーツでした。また、第Ⅲ章の実践における中心的な活動は、「遊び場」「木工作業」「調理」でした。いわゆる座学を中心とした学習ではなく、いずれも実学でした。知的障害や自閉症等の困難性を抱える子どもたちにも取り組みやすい活動でした。しかも、通常学級の子どもを「招く」ために支援学級の子どもたちは準備・練習を重ねることでスキルアップした状態で当日の活動に臨めます。結果として「対等性」が担保されやすくなります。「どのような活動で交流をするのか」は、交流及び共同学習の重要な要件になります。

（2）「共に活動」する

　実践例にあったように、遊び場の場合は、友達同士の自然な関わりが増えるように「力を合わせる・息を合わせる必然性」のある遊具や活動を用意しました。一緒にやろうとすれば、当然、「声を掛け合う」「息を合わせる」という協働的な場面が自然に成立します。偶然性もある勝敗のあるゲームも対等性を担保しつつ、自然な声かけや協力が生まれます。

　特に、**通常学級の子どもが支援学級の友達に常に「何かをやってあげる・助けてあげる」状況にしない—すなわち、できるだけ対等・協働的に取り組むことができる活動や仕掛けの工夫を検討する必要があります。**

（3）支援学級の子どもの主体性

　個別的に「行く交流」の場合、授業のペースは通常学級の子どもたち中心になります。そこでは、授業中、支援学級の子どもは「してもらう体験」の方が圧倒的に多くなります。ところが、「招く交流」はむしろ真逆になります。通常学級の子どもと「対等に取り組む体験」、それ以上に「してあげる体験」「教えてあげる体験」ができます。それは大きな自信を育む機会となるに違いありません。正に、「共同学習」の姿であり、言葉を換えれば、支援学級の子どもたちの「できなさ・弱さ」ではなく、「よさ・できること」を発揮する機会でもあるのです。

　さらに、実践例の遊び場でみたように、支援学級の子どもは招く前に何度も遊びを繰り返すことで、隠された秘密や仕掛けを熟知することになります。通常学級の子どもをリードする役割を果たすことになるのです。また、制作・調理活動を中心に交流活動を展開する場合は、簡単には作れない制作物づくり等に通常学級の子どもも共に取り組むことになります。

　あわせて、支援学級の子どもには一人一人に「できる状況」を事前に整えます。そして、何度も繰り返しその活動に取り組むことになります。当然、たくましく活動する姿を交流活動で発揮しやすくなります。また、調理の場合には、「一緒に作って、一緒に食べる」場面も設定することができ、自然な関わりの機会も保障されることになります。

「支援の多様性」と「公平性」

（1）「支援」に気づく

　ボッチャの実践では、パラリンピックを並行して取り上げる過程で、「ボッチャには障害の程度に応じてクラス分けがあり、必要に応じてボールを転がすためのランプ（勾配具・滑り台）を用意すること」を学習しました。今回の実践では取り入れませんでしたが、特別支援学校等では、ランプを用意する場合が多くあります。

　第Ⅲ章で紹介した実践例でも、特に、木工作業等では様々な道具・補助具や教材教具の工夫が見られました。支援学級の子どもに「できる状況」を整えようとすれば、当然、道具・補助具・教材教具の工夫は不可欠になります。支援学級では、まずそれを徹底する必要があります。道具・補助具等の「支援の工夫」があるからこそ、支援学級の子どもたちも「できる」のです。つまり、通常学級の子どもたちは「障害という困難さがあっても、支援があればできる」ことを目の当たりにします。

　さらに、それを実際に使ってみると、通常学級の子どもたちも「上手に」「手早く」できることを実感します。子ども目線で、「支援」の意味を考える「入口」になります。そして、**誰しもが日常的に「めがね」のような支援を得ながら生活していることに気づくきっかけにもなっていきます**。

（2）支援の違いを自然に受け止める

　制作や調理活動を中心にする交流活動の場合、一人一人に応じて道具・補助具や教材教具の工夫を多様に講じることになります。つまり、「**みんなで力を合わせて作る**」という協働性の一方で、**それぞれが得ている「支援」は「同じではない」「違う」という多様性・個別性にも子どもたちは触れる**ことになります。これらを実際の活動を通して実感できる意味は極めて大きいと考えられます。正に、「平等」「公平」を考える貴重な機会ともなります。

　「支援の多様性」と「公平性・平等性」を考えることは、後述する「障害者理解教育」の大きなポイントの一つでもあります。「障害者理解教育」と一体的に検討・展開したいテーマの一つです。

★ Point 6
「単元化」による「主体的・対話的で深い学び」

（1）「主体的・対話的で深い学び」の実現

　学指指導要領では、「主体的・対話的で深い学びの実現」が提唱されました。それは「単元や題材など内容や時間のまとまりを見通しながら，そのまとめ方や重点の置き方に適切な工夫を加え，第3の1に示す主体的・対話的で深い学びの実現に向けた授業改善を通して資質・能力を育む効果的な指導ができるようにすること」とされ、「内容と時間のまとまりを見通しながら」という「単元化」の重要性が指摘されました。

　これはむしろ支援学級でこそ求められる重要な授業の要件になります。単発の交流にしてしまえば教育効果は半減するでしょう。交流本番に向けて事前の準備や練習も含める「単元化」によって「まとまり」ができ、子どもたちの目的意識が高まりやすくなります。目的の達成に向けて連続的に取り組むことで自信が育くまれ「主体的」になります。自信があるからこそ通常学級の友達とも「対話的」になり、日常の支援学級の活動だけでは得ることのできない交流及び共同学習における「深い学び」が実現します。

（2）短時間学習

　「ボッチャ」の実践は 20 分間モジュールという「短時間授業」に 5 回取り組みながら、最後に「大会」という形で 45 分授業にしました。この 20 分（もしくは 15 分）というモジュールでの取組は繰り返しにも適し、特に、支援学級の子どもにとっては、短時間に集中でき、その取り組みやすさを一段と高めることができたとも言えます。

　もちろん、木工や調理などの作る活動は短時間授業には向きません。しかし、活動によっては、短時間学習を中心に「単元化」することで、より連続的に実施する可能性も検討したいと思います。

★ Point 7

教科等横断的な視点に立った学習活動であること

　Point 1～6の要件が整うことによって、学指導要領が育成をめざす実社会・実生活で汎用性の高い力を育むことにつながります。正に、教科等横断的な視点に立った資質・能力の育成です。

　支援学級の子どもにとっては、「各教科等を合わせた指導」「自立活動」を中心に、様々な教科等が関連しながら展開されることになります。例えば、通常学級向けに「招待状」「ポスター」「遊び場での約束事」「名札」「グループ・ペア表」「得点板」「遊び場紹介DVD」等を作成したり、通常学級の朝の会や帰りの会で広報活動をしたり、ゲームの司会進行をしたり、通常学級の友達にリトルティーチャーとして教えたりします。「ボッチャ大会」の成功に向けた「**内容と時間のまとまり**」ができることで、単元に関連した活動の全てが「**教科等横断的な**」結び付きを確かにします。正に、「**生きて働く知識・技能**」**して発揮され、定着が期待される貴重な機会**となります。

　通常学級の子どもにとっても、単なる特別活動としての意義だけでなく、「道徳」「総合的な学習の時間」として、「障害者理解教育」としての価値があります。これについては、後ほど、第Ⅶ章で検討したいと思います。

★ Point 8

「招く交流」で通常学級担任の
負担感・不安感を減らす

（1）担任の負担感を減らすために

　第Ⅳ章の検証で触れたように、「難しさ」「負担感」の解消は交流及び共同学習をよりよく継続・発展させる鍵です。「短時間学習」は年度途中の提案でも比較的容易に設定が可能でした。45分間の交流及び共同学習を通常学級主導で展開するとなれば―様々な調査でも指摘されるように―「実際の授業時間を合わせる」「担当者間の打ち合わせ時間の確保」「指導体制の確保」等の課題に直面し、その物理的・心理的な負担感は大きくなります。短時間学習で展開し、さらに支援学級主導で進めることでそれを大きく軽減させることができました。

　しかし、最終第6回目「大会」の45分授業を―すでに年間計画が確定した後に―設定する、すなわち「実際の授業時間を合わせる」ことは通常学級にとって容易ではないことも示されました。

　一方、「遊び場」「木工」等の「招く交流」は、年度当初の年間計画に位置付けて展開されていました。さらに、**校内授業研究会に「交流単元」をあてていました。通常学級との本格的な交流が始まる前に、その活動の意義や交流のポイント等を校内に周知し共通理解できる**ことになります。このような積極的な取組は交流及び共同学習を考える上で、大きな示唆になります。

　「交流及び共同学習ガイド」（文部科学省，2019年3月改訂）でも「学校全体で組織的に取り組む体制を整える」とあるように、交流及び共同学習や障害者理解教育は学校として、その教育課程に位置付け、組織的・計画的に取り組む必要があります。それが負担感の軽減にもつながります。

（2）担任の実感として

　「特別の教育課程」を組織できる支援学級担任がイニシアチブを取ることで、支援学級の授業の中で様々な準備活動も展開できます。また、子どもの様子をよく把握している支援学級担任が子どものペースで取り組むことのできる交流及び共同学習を、支援学級の子どもファーストで企画立案できます。あわせて、現在、新任の支援学級担任が増えています。ボッチャは、支援学級の活動、交流及び共同学習の活動として、新任者としても無理なく取り組める活動であったことを確認したいと思います。活動の選定は大切なポイントの一つです。

　また、通常学級担任にとっては、支援学級の子どもへの手立て等に関して不安感や負担感が大きく軽減されます。それにより、通常学級の子どもへの支援や様子の把握に専心でき、子どもたちの変容にも気づきやすくなります。**「招く交流」は、通常学級担任の不安感・負担感の軽減という観点からはもちろん、通常学級の子どもの変容（「豊かな人間性の育成」）をより確かにする上でも、さらに追究する価値のある授業モデルの一つといえます。**

★ Point 9

障害者理解教育との一体的な取組の必要性

　第Ⅳ章の取組では授業の前半10分で「パラリンピック」への関心を高め、「平等」「公平」について考えるという座学の時間があり、後半10分で「ボッチャ」

に取り組むという構成で展開しました。これは、その授業で学んだ正しい「知識」や「認識」をその場ですぐに「態度」と「行動」として実践するという一体的な展開も意図されていました。それにより、通常学級の子どもにとっては正に「生きて働く知識・技能」を学び深める交流であったことが作文等にも示されていました。

第Ⅶ章で検討しますが、障害者理解教育の推進は学校教育の今日的な課題です。今回の取組は**支援学級担任がイニシアチブをとり、交流及び共同学習と障害者理解教育を一体的に推進する**ことで、よりよい成果を得ることができました。今後はこのような一体的な取組が一層求められると思います。

★ Point 10
保護者・地域との協働への発展として

遊び場や調理の実践は、保護者との協働というコンセプトが明確に打ち出されていました。実際の交流活動のみならず、学級通信等で交流のことを大きく取り上げて保護者にも話題提供することで、子どもの意識の変容がより一層期待できます。特に、調理は家庭生活でも取り組めることから話題にしやすく、支援学級・通常学級を問わず子どもたちの生活に広がりができます。

さらに、ＰＴＡ役員等の保護者を「招く」等の発展的な展開もさらに期待できます。ＰＴＡ役員との定期交流会を「単元化」したり、バザー委員とコラボしてＰＴＡバザー単元を企画したり、その学校の特色ある活動の一つとして大いに発展させたいものです。**通常学級の保護者の理解は共生社会の形成に向けては極めて大きな力になる**はずです。

また、実践例にあったように、遊び場を学校祭の模擬店の一つとして発展させて、地域の子どもたちに開放する機会を用意したり、近隣の支援学級の友達を招待したりする地域社会と協働する取組には大いに学びたいと思います。ボッチャについても、生涯スポーツとして地域にも広がりつつあります。地域のチームとの交流にも発展させたいものです。これらは、正に「社会に開かれた教育課程」という今日的な課題にも対応することにもなります。

第 VI 章　現　実

共生社会を形成できるのか？

　2017 年告示の学習指導要領前文に「……一人一人の児童が，自分のよさや可能性を認識するとともに，あらゆる他者を価値のある存在として尊重し，多様な人々と協働しながら様々な社会的変化を乗り越え豊かな人生を切り拓き，持続可能な社会の創り手となる……」と記されました。理想とする共生社会のありようを端的に表現しています。

　一方でやまゆり園事件は、「あらゆる他者を価値ある存在として尊重」「多様な人々と協働」というその前文を象徴する理念の対極にあります。

　私たち教師の使命は「よりよい学校教育を通じてよりよい社会を創る」（同前文）ことにあります。学校教育はやまゆり園事件が投げかけた現実から目を背けることなく検討すべきことがあるのではないか―それは障害のある娘をもつ筆者にとっても拭い去りようのないわだかまりでもあります。

　本章では、共生社会の形成をめざす交流及び共同学習・障害者理解教育、人権教育を創造する上で、考えておきたい内容を取り上げます。なお、以下の植松死刑囚の主張の一部は、当初から本人への面会取材を続けきた月刊『創』編集部による『開けられたパンドラの箱―やまゆり園障害者殺傷事件―』（2018年，創出版）からの引用になります。その場合には（同書）と記します。

1 「内なる差別・偏見」と学校教育

（1）「自分事」として考える

　学生時代に参加した勉強会での出来事は衝撃的でした。脳性まひの当事者は絞り出すように語りました……「率直に、自分は醜い。自分を肯定できない。

生まれ変わりたい」と自らを責めるように語っていました。一方で、「生まれ変われるとしたら、もう一度、今の自分として生まれたい」とはっきり語る当事者もいました。

「感覚的に受け付けない」ということは誰にでもあります。理屈や理念という理性レベルでは片付けることのできない生理的・感覚的レベルの問題です。大人も子どももです。違和感が「差別と偏見」のきっかけになることがあります。共生社会時代を支える**私たち教師自身が「もし、自分が中途障害を負うとしたら…」「我が子が障害を抱えるとしたら…」と「自分事」として受け止めながら、「障害」について考える姿勢が大切**だろうと思います。

（2）『障害者殺しの思想』

「はっきり言おう。障害児は生きてはいけないのである。障害児は殺されなければならないのである。」……と書き綴った横田弘氏（脳性まひ当事者）による『障害者殺しの思想』(1979 年, JCA 出版　※現在は「現代書館 増補新装版」として 2015 年に復刊）という書籍にも当時、圧倒されました。その冒頭に『障害児は何故殺されねばならないのか』という詩が記されています。その文中で次のような葉書が紹介されます……不適切な言葉が使用されていますが、原文のまま記します。

「人間としての権利を奪われたとは何事だ！ お前達片端者は世の中を遠慮してソット生きていけ！ それでこそ、はじめて我々五体健全な人達から同情を得られるぐらいの事は、いくら脳性馬鹿でも解ると思う。親の因果が子に報い！ 因果律と言う言葉を知らないのか！ 逆上せ上るのも程々にしろ！片端者奴（一市民より）」

醜い差別です。1970 年代後半、重度障害の子どもをもつ親がわが子を殺すという痛ましい事件が相次ぎました。明かな「殺人事件」でありながら、マスコミはその親に同情的な論調の記事を発表し、その親の減刑嘆願署名等も行われる時代背景がありました。横田氏らは当事者団体「青い芝の会」を結成し、その状況を当事者として批判し、「普通に暮らしたい」という運動を展開していました。先に紹介した葉書の侮蔑的な一節はその運動に対する攻撃として書かれたのです。今から 42 年前、1978 年のことです。その差別的な思想性に身震いします……しかし、やまゆり園事件はそれ以上に深刻です。

（3）改めて、やまゆり園事件から

2020 年、TBS「報道特集」では植松被告（当時）に最後に接見した際の様子を伝えていました。彼は「私は人殺しは否定します」と述べた後で、「重度

障害のある人を人として認めていない。ですから、私は人は殺していません」と殺人を否定したとのことです。そして、施設内での支援員による体罰や差別的・侮蔑的な発言を挙げ「それ（障害のある人を否定する感情）は、誰もが思っていることです」と言っていた事実にも触れていました。

　学校や施設における障害のある子どもたちに対する差別が明らかにされにくいのは、それを受けたこと自体を訴えることに困難性のある子どもたちが多いからです。**やまゆり園事件はいわば、「内なる差別・偏見」という人間の醜い本質を最も攻撃的な形で顕在化した事件**でもあります。

　交流及び共同学習・障害者理解教育、学校教育は果たしてこれらを乗り越えていけるのでしょうか。まず私たち教師が、今一度「障害」に向き合い考えながら、共生社会の問題を考え続けたいと思います。

2 「人間性等の涵養」と学校教育

（1）「育成を目指す資質・能力」とやまゆり園事件

　学習指導要領は「育成を目指す資質・能力」の三つの柱の一つとして「学びに向かう力、人間性等を涵養すること」を掲げました。その解説では、「感性、やさしさや思いやりなどの人間性等に関するものも幅広く含まれる」（同解説 ※以下、学習指導要領の「解説」の引用については（解説）と記す）としています。やまゆり園事件はこの「人間性等」の根底を否定するものでした。

　植松死刑囚は「人の役に立ちたいと思う心が、人間の証である」（同書）と発言しています。ですから、施設の支援員になる際には「自分ならば障害のある人にやさしくなれる、役に立てる」という気持ちを強く抱いていた違いありません。しかし、その思いが何かをきっかけに行き過ぎることで逆に自分を食い潰し、「支援される」側の弱く心細い気持ちが見えなくなったのでしょう。気づいたときには、「役に立たない」と彼が判断した人の存在そのものに疑問を抱くようになり、許せなくなっていた……そんな矛盾の落とし穴に落ち込んでしまったのかもしれません。

　そして、さらに、植松死刑囚は自らの「障害者への差別意識」に、「彼らを社会が守る必要はない」という「屈折した自己責任論」を上書きすることで、自らの残虐行為を「社会正義」として正当化したのではないでしょうか。彼は

「日本では、『弱者は守られるべきだっ！』とタカリ屋のような偽善者と詐欺師ばかりで、とにかく甘やかすことをやさしさと強調しますが、それは無責任な判断です」（同書）と主張しています。

　では、この時代をおおう「自己責任」という空気を、やさしさや思いやりという「人間性等の涵養」の観点からどう考えるべきでしょうか。学校教育はそれに無縁なのでしょうか。

（2）「自己責任」という無責任

　自己責任と学校教育を語る上で目を背けてはいけない有名な調査があります。アメリカのピュー・リサーチ・センターは、2007年に大規模な国際調査を実施しました。その中に「『自力で生きていけないとても貧しい人たちを支援するのは国や政府の責任である』という考えについてどう思うか？」という設問がありました。「そう思わない」、すなわち、貧しい人を国や政府が守る責任はないと答えた人は、ドイツ7％、イギリス8％、中国9％……日本は何と38％でした。自由の国アメリカですら28％でしたから、日本は突出していました。日本では「貧困＝努力不足・自己責任」と考えられ、自らの生活に責任を負うことができない子どもたちに―今や7人に1人と言われるほどに―貧困が広がっていたのです。

　「それほど冷たい教育をしてきたつもりはない！」と思われたかもしれません……。もう一つ、障害のある当事者へのアンケート結果を紹介します。2016年に厚生労働省が実施した「生活のしづらさなどに関する調査（全国在宅障害児・者等実態調査）」（以下、65歳未満の回答結果）によると、「福祉サービスを利用したくない」と回答した障害当事者及び保護者は「全体で32.5％（身体障害32.6％、療育（主に知的障害）26.1％）」もいました。さらに、障害の診断を受けていて、障害者手帳を所持せず福祉サービスを利用していない人を対象に「日常生活を送る上で、障害による生活のしづらさがありますか」と質問しました。74.7％が「ある」と回答しているのですが、その中で「福祉サービスの利用を希望する」との回答はわずか25.8％なのです。

　上記は「自分のことは自分で」「努力して迷惑をかけない」、言葉を代えれば「自己責任の精神」を育くんできた我が国の学校教育の皮肉？な成果とも言えます。家庭環境等も含めて**「困っている」ことを「我慢して」「努力する」価値を学んでも、「本当に困っているときは声に出していい」ことを―残念ながら―学んでいない現実がある**のだと思います。その結果、実は本人も困っているのに「困っている」と言えず……、一方で逆に、とても弱り切って「困った」と言っ

ている人を「努力不足・甘えている」と非難するような空気感が漂っているのかもしれません。その遠因は学校教育にあるような気がするのですが、これを「人間性等の涵養」の観点からどう評価したらいいでしょうか。

（3）「努力は報われる」と「人間性等の涵養」

　では、ここで「努力」について少し考えてみたいと思います。例えば、「努力は報われる」は本当でしょうか。これは正しくもあり、暴論でもあります。**生まれ持つ才能等の遺伝要因、貧困・虐待などを含む家庭環境要因、障害等の先天的・後天的な困難さ……等の「子ども本人の努力ではどうにもできないスタートラインの決定的な違い」を無視すれば、「努力は報われる」は暴論**になります。

　「みんな平等です！努力しましょう！」という価値ばかりを強調する教育は、一歩間違えると「うまくいかないのは、努力が足りないからだ」という「努力不足」「自己責任」にすり替わります。そこに丁寧な指導がないと「うまくできない背景には何か困っていることがあるのではないか？」と相手の立場を思いやる純粋なやさしさや思いやりを育むことは難しくなります。

　「努力しない」と「努力できない（状況に置かれがち）」の判断は確かに簡単ではありません。私たち教師でさえ「発達障害」を「努力不足・身勝手・わがまま」と誤解してきた経過があります。**「努力の価値」と同時に、障害や病気等も含めて「努力そのものがうまくできない」「最大限努力してもできない」人たちの存在、そして「それらには背景と原因があるかもしれない」という現実に向き合う必要**があります。

　あわせて「努力してもできないとき、困ったときは『助けて』と言っていいし、お互いに助け合う」「(障害や貧困、そして高齢化も含めて) 誰もが負う可能性のある困難さを支え合う」という気持ちを育むこと、すなわち「人間性等の涵養」について本気で考えるべきときかもしれません。

　そのベクトルがないまま、「努力しないのに守られている」「救う必要がない」「社会の迷惑だ」というゆがんだ攻撃的な「自己責任論」が暴走し、最も悲劇的な形でむき出しになった象徴がやまゆり園事件ではないかと思うのです。

（4）「できなさ」「弱さ」への寛容性

　「自己責任」を考える上でもう一つの大きなポイントが「自己肯定感」です。日本青少年研究所「高校生の生活と意識に関する調査報告書—日本・米国・中国・韓国の比較—」(2015) は、「自分はダメな人間だと思うことがある」の設問に対する日本の高校生の回答が72.5％であり、他国に比べて自己肯定の感情

の低さが際立っていることを明らかにしました。

「自分のよさに気づく教育」が強調されます。もちろん、「よさ・できること・得意」に目を向けて「強さ」にすることの大切さを筆者も繰り返し主張（『逆転の発想で魔法のほめ方・叱り方』2017年，東洋館出版社）してきました。しかし、一方で、人には「努力すらできないこと」「どんなに頑張っても直すことのできないこと」、すなわち「弱さ」「できなさ」がたくさんあります。

植松死刑囚は「自立できる人間とできない人間、どちらと共生するか考えた時に、答えは火を見るより明らかです。」（同書）と主張しています。しかし、「自立」の絶対的な線引きはできるのでしょうか。誰しもが何かを「できる－できない」という連続線上にあります。努力してもできない・うまくいかないという「弱さをそのままに隠さずに生きる」「助けられながらも『それでいい』『今のままでいい』」という在り方を学ぶことも教育です。そして、自分の「弱さ」を認めることも「強さ」の一つではないでしょうか。弱さをもつ自分も受け止める力こそが、弱さや困難性を多く抱える他者への共感性や寛容性を高めるのではないでしょうか。

「今のままでいい」「今のままじゃダメだから努力しよう」—これらのバランス感覚の上に成立する「とりあえず自分のことを受け止める」「自分が好き」という「あきらめではない『自己肯定感』」を育む必要があります。これは「あらゆる他者」の尊重や協働を考える上で極めて重要だろうと思います。自分自身と他者への「やさしさや思いやり」を含む「人間性等の涵養」は、学校教育の基底に位置付けるべき重要な課題の一つといえます。

3 「共に生きる」難しさと学校教育

（1）「多様性とその尊重」とは何か？

障害者差別はもとより、広く世界に目を向ければ、未だになくなることのない人種差別や宗教をめぐる問題は山積しています（※執筆時点2020年8月にも、文部科学大臣から『新型コロナウイルス感染症に関する差別・偏見の防止に向けて』というメッセージが発出される事態になっています）。「共に生きる」ことは決して簡単ではありません。先に触れた「感覚的・生理的」な違和感の対極には、所属する地域・文化・集団が違えば、「理解できない、受け入れがたい」

理念レベル問題も多々あります。生理的・感覚的な違和感と同様に、納得できない理念を「理解しなさい」と言われてもできません。

　人はそれぞれの育ちの環境の中でかなりの固定観念・先入観を無意識のうちにもっています。「同じが安心」で、「多様性」そのものを認められない人がいて当然です。「多様な文化や生き方を尊重しよう！障害を理解して共に生きよう！」という理想を掲げても、現実には「うまく共生できない」他者との共生に悩んでいる―それがこの社会です。大切なことは、むしろ「どうしても理解・納得できない」ことがあったとしてもお互いを尊重する、すなわち**「多様性」に否定的な人も含めて包括する態度、それが本当の「多様性の尊重」**なのだと思います。

　そして、その壁を越えるヒントは、先の「とりあえず自分が好き」という「自己肯定」の感覚かもしれません。「多様性」と言った瞬間に「自分と他者との違い」に気持ち向きがちです。しかし、その前に大切なことは、「自分自身の多様性」への気づきではないでしょうか。自分の中に強い自分がいれば、弱い自分もいる―そういう自分の中にある多様性を好きになるおおらかさ、そして、それをしなやかに自己肯定する力が「多様性の尊重と共生」の基盤になるのだと思います。

（2）「不便」「迷惑」の受け止め？

　「共に生きる」ということは、一人一人が「多様で」「違う」ということを受け止め、同時に一人一人は「みんな同じ」「平等」であることをお互いが尊重することです。しかし、「多様」「違う」、つまり「同じでない」というのは、「不便」なことが多いのです。ですから、「違い」や「多様性」の尊重は、「不便性」やその結果として生ずることもある「迷惑」をもお互いに受け止めることです。**お互いに努力しても（あるいは、努力できない）結果として「迷惑をかけることもある」「できなさをさらけ出す」、でも「お互い様だから」と「助け合う」**―それが共生社会なのかもしれません。

　しかし、「多様性」は本当に「不便性」を高めるだけでしょうか。「多様」ゆえに、「効率」が高まり「豊か」である世界があります。それは身近な例で言えば、とてもいい雰囲気の学級集団に象徴されます。学級の中に「異論」があることによって、議論が深まる状況です。「多様性が豊かさを生み出す」教育・社会の姿がありそうです。後ほど、検討します。

（3）「共に生きる」思潮の国際的な高まり

　検討してきたような我が国の時代状況の一方で、歴史を振り返れば、茨の道

を辿りながらも「共に生きる」試みは続いてきました。1950年代に北欧諸国から始まった社会福祉理念に「障害のある人も、障害のない人と同様に普通の生活ができるように」というノーマライゼーションがあります。現在の我が国の福祉施策、特別支援教育の理念でもあります。あわせて、「Nothing About Us Without Us！」（「私たち抜きに、私たちのことを決めないでください」）という障害当事者による「自立生活運動」で掲げられたスローガンや「ピープル・ファースト運動」もありました。

　当時の「障害者の人権思想」の到達点、それは「完全参加と平等」を掲げた国際障害者年でした。少し長い引用になるのですが、国際障害者年行動計画（国連総会決議1980年1月30日採択）には意義深い有名な文章があります。「……障害という問題をある個人とその環境との関係としてとらえることがより建設的な解決の方法であるということは、最近ますます明確になりつつある。……社会は……文化的・社会的生活全体が障害者にとって利用しやすいように整える義務を負っているのである。これは単に障害者のみならず、社会全体にとっても利益となるものである。ある社会がその構成員のいくらかの人々を閉め出すような場合、それは弱くもろい社会なのである。障害者は、その社会の他の異なったニーズを持つ特別な集団と考えられるべきではなく、その通常の人間的なニーズを満たすのに特別の困難を持つ普通の市民と考えられるべきなのである。」

　たいへん厳しく、鋭い指摘です。「障害は環境との相互作用」という社会モデルが提起された画期的な宣言です。これは「Nothing about us without us!」等の人権思潮とともに、「障害者の権利に関する条約（略称：障害者権利条約）」として実を結び、「インクルーシブ教育システム」の時代が到来することになります。

（4）人権と基本的自由―「障害者権利条約」―

　2014年に我が国でも効力が発生した「障害者権利条約」はこれまでの障害者運動を総括し、その「人権及び基本的自由」を国際的に宣言しました。「……全ての人はいかなる差別もなしに……全ての権利及び自由を享有することができることを宣明し……障害者が全ての人権及び基本的自由を差別なしに完全に享有することを保障することが必要であることを再確認し障害が、機能障害を有する者とこれらの者に対する態度及び環境による障壁との間の相互作用であって、これらの者が他の者との平等を基礎として社会に完全かつ効果的に参加することを妨げるものによって生ずる」とし、「人権と基本的自由」の普遍

性を明確に示し、障害は「環境との相互作用」である点を改めて強調しています。

　そして、第24条では教育が規定され「人間の潜在能力並びに尊厳及び自己の価値についての意識を十分に発達させ、並びに人権、基本的自由及び人間の多様性の尊重を強化すること」とされました。

（5）社会の成熟度の指標として

　上記の条約を受け検討された下記の報告は「共に生きる」と学校教育の方向性を指し示す示唆に富む指摘をしています。「共生社会の形成に向けたインクルーシブ教育システム構築のための特別支援教育の推進（報告）」（中央教育審議会，2012）では「〇共に学ぶことを進めることにより、生命尊重、思いやりや協力の態度などを育む道徳教育の充実が図られるとともに、同じ社会に生きる人間として、互いに正しく理解し、共に助け合い、支え合って生きていくことの大切さを学ぶなど、個人の価値を尊重する態度や自他の敬愛と協力を重んずる態度を養うことが期待できる。〇障害のある子どもにとっても、障害のない子どもにとっても、障害に対する適切な知識を得る機会を提供するとともに、バランスのとれた自己理解、達成感の積み重ねから得られる自己肯定感、自己の感情等の管理する方法を身に付けつつ、他者理解を深めていくことが適当であり、子どもの多様性を踏まえた学級づくりや学校づくりが望まれる。」とした上で「障害者理解を推進することにより、周囲の人々が、障害のある人や子どもと共に学び合い生きる中、公平性を確保しつつ社会の構成員としての基礎を作っていくことが重要である。次代を担う子どもに対し、学校において、これを率先して進めていくことは、インクルーシブな社会の構築につながる。これは、社会の成熟度の指標の一つとなるものである。」としており、本章で検討してきた内容が端的に表現されています。

4 「共に生きる」豊かさと学校教育

（1）「不便性」と「支援」

　ＡＩ時代には仕事の半分がなくなるといわれています。しかし、パソコンやＡＩロボットでは代替不可能な「人にしかできない仕事」は確実に残ります。高齢化社会を迎え、その「不便性」「生きづらさ」を改善する「支援の必要性」はむしろ高まります。部分的にＡＩの力を借りることはあっても、その「支援」

はＡＩ時代にこそ「人にしかできない仕事」の代表になるでしょう。

　つまり、障害、病気、ケガ等も含む身の回りの何らかの「不便性」「生きづらさ」は「支援」や「生産」を生み出します。考えてみれば、私たちの日々の暮らしの「不便性」「生きづらさ」の改善と「快適性」の追究こそが社会発展の原動力ともいえます。それら「不便性」「生きづらさ」とそれへの「やさしさと思いやり」が「支援」や関連の「生産」の源になる―それは「困っている」人がいれば「助ける人」がいるという、むしろ人と人が暮らす健全な社会の姿ではないでしょうか。そして、おそらく、**成熟した社会の唯一のものさしは「最後まで取り残されがちな弱者へのまなざしの温かさ」**です。

　そして、「不便性」「生きづらさ」で「困っている」人と「共に生きよう」としたら、周りの誰もが過ごしやすくなっていたという事実は社会の中にたくさん存在するのです。

（２）通常学級ユニバーサルデザイン

　実は、私たち教師にとって最も身近なこの教育の世界にも「障害が豊かにした教育実践」が近年、実を結んでいます。すでに、教育界でも共通言語になっている「通常学級ユニバーサルデザイン」です。

○発達障害等の配慮を要する子どもには「ないと困る」支援であり

○どの子どもにも「あると便利で・役に立つ」支援を増やす

○その結果として、**全ての子どものたちの過ごしやすさと学びやすさが向上する**

佐藤愼二（2015）『今日からできる！　通常学級ユニバーサルデザイン―授業づくりのポイントと実践的展開―』（ジアース教育新社）

　「発達障害」への着目、その支援の「必要性」が正にどの子どもも過ごしやすく学びやすい学級生活と授業を創造する契機となった典型的好事例です。ユニバーサルデザインの多くの実践研究が、結果として「学力」向上に寄与することを示しています。

　障害者、乳幼児、妊娠中の人、高齢者、外国人……「多様」な人が感じる「不便性」を解決することで、より「豊かに」過ごしやすくなっている事例はたくさんあります。いくつか確認してみます。

（３）様々なユニバーサルデザイン

①マーク・ピクトグラム

　外国人、聴覚障害・発達障害、全ての人にとっての「世界共通絵文字・ピク

トグラム」があります。「男・女トイレマーク」に象徴されるピクトグラムは、何万という外国人が日本に訪れることになった 1964 年の東京オリンピックで世界共有の「絵文字標識」として公式化されました。また、信号機、テレビのテロップ……見渡せばいろいろあります。この発想は誰にでも分かりやすい「視覚的手がかり」として学校現場でも大活躍していることは周知のとおりです。

②ユニバーサルデザイン・プロダクト

　センサー式蛇口、シャワートイレ、シャンプー容器の凸凹や交通系カードの凹、券売機・自動販売機のお椀型コイン投入口等は、高齢者、車椅子ユーザー、視覚障害を想定して開発されました。いずれも誰にも便利です。ホームドア、幅広改札口、スロープ、エレベータについては言うまでもありません。

③ダイバーシティ・インクルージョン社会（一般社団法人 日本経済団体連合会）

　「車椅子用トイレ」は、その後、妊婦や大荷物を持った人も使える「多機能トイレ」になり、さらには LGBT の人に配慮して性別も超えて使用できる「アクセシブルトイレ」へと進化を遂げました。障害者等の多様な人材の登用により、組織の活性化と生産性の向上が望める点に経済界も注目しています。正に、経済界のユニバーサルデザインです。「やさしいまちづくり（無電柱化推進計画）」等も基礎的環境整備といえる幅広いユニバーサルデザインの取組です。

　このような観点は「総合的な学習の時間」でも取り上げることができる内容だろうと思います。共に生きる上で「不便」なことを解決すると実は「私たちの生活が快適になった」ということはたくさんあります。それこそが社会の発展・成熟なのだろうと思います。

（4）人間存在の絶対性と無条件性

　（3）で触れたように、障害支援のポジティブな側面を確認していくことはとても大切です。しかし、これではおそらく足りません。なぜならば、「障害の存在＝役に立つ」と何らかの「価値観」を持ち出した瞬間に、結局はその条件を満たさない人たちを「閉め出す」根拠になりかねないからです。横田氏が突き返すように言い放った「障害者で何が悪い」（『自立生活運動と障害文化』横田弘著，全国自立生活支援センター協議会編，2001 年，現代書館）というリアルな鋭さのある一言をそのまま引き受ける必要があるのではないでしょうか。

　人間は生物です。ですから、中途障害も含めて「障害」は誰かが必ず負います。否、負ってくれる人が私たちの周りにはいるのです。その意味で「障害」は「他人事」ではなく「自分事」なのです。だとすれば、**あらゆる「価値観」を超え**

て「一人一人大切な固有の存在」として「ありのままを尊重する思想」―人間はそこに「いる」「ある」だけで尊いという無条件性・絶対性を担保する地平からスタートするしかありません。

　「唯一無二の個人という存在の無条件性」と「多様性の尊重という絶対性」、そして、それらを包み込む「社会の包括性と共存性」という点で「踏みとどまる」のです。そうでないとしたら、「障害は社会を不幸にする」を乗り越えられない気がします。読者のみなさんはどう考えるでしょうか。

（5）「共に生きる」と日本国憲法

> 第11条　国民は、すべての基本的人権の享有を妨げられない。この憲法が国民に保障する基本的人権は、侵すことのできない永久の権利として、現在及び将来の国民に与へられる。
> 第12条　この憲法が国民に保障する自由及び権利は、国民の不断の努力によつて、これを保持しなければならない。又、国民は、これを濫用してはならないのであつて、常に公共の福祉のためにこれを利用する責任を負ふ。
> 第13条　すべて国民は、個人として尊重される。生命、自由及び幸福追求に対する国民の権利については、公共の福祉に反しない限り、立法その他の国政の上で、最大の尊重を必要とする。
> 第14条　すべて国民は、法の下に平等であつて、人種、信条、性別、社会的身分又は門地により、政治的、経済的又は社会的関係において、差別されない。
> 第25条　すべて国民は、健康で文化的な最低限度の生活を営む権利を有する。
> 　2　国は、すべての生活部面について、社会福祉、社会保障及び公衆衛生の向上及び増進に努めなければならない。
> 第10章　最高法規
> 〔基本的人権の由来特質〕
> 第97条　この憲法が日本国民に保障する基本的人権は、人類の多年にわたる自由獲得の努力の成果であつて、これらの権利は、過去幾多の試錬に堪へ、現在及び将来の国民に対し、侵すことのできない永久の権利として信託されたものである。

　これらは「助け合う」というDNAをその遺伝子に刻み始めた頃からの―全人類の有史以来の―歩みの結晶といえるでしょう。我が国が誇る日本国憲法は、その「第10章　最高法規」において「〔基本的人権の由来特質〕第97条　この憲法が日本国民に保障する基本的人権は、人類の多年にわたる自由獲得の努力の成果であつて、これらの権利は、過去幾多の試錬に堪へ、現在及び将来の国民に対し、侵すことのできない永久の権利として信託されたものである。」

と「すべて国民」に対して宣言しているのです。

　「基本的人権」は「現在及び将来の国民」の「永久の権利として信託」されているのです。正に、障害の有無に関わりなく人は「絶対的に」「無条件に」「個人として尊重され」「この社会で共に生きる」のです。そこに責任を負う、共生時代の学校教育、交流及び共同学習・障害者理解教育を創造する必要があります。

「本気になれる活動」を共にする

　筆者が初任の頃、知的障害養護学校（現在の特別支援学校）中学部で、「農村型教育の展開」と称する大変興味深い実践が繰り広げられました。グラウンド奥のかなり広い一角は、草刈りをしなければ夏場は雑草原になり、野ウサギが飛び回る遊休地でした。その土地を切り拓いて、「中学部の里」を開拓することになったのです。数年かがりの巨大プロジェクトでした。

　予算もなかったため、廃材で里を取り囲む牧場風の柵を巡らせました。廃トタン板も活用し、雨天時用の大きな作業小屋を立てました。煮炊きできるかまど作りもしました。本格的な炭焼き小屋も作りました。かつては木製だった電信柱をもらい受け、巨大アスレチックも作りました。椅子やテーブルは一体いくつ作ったでしょうか…。開墾した畑で収穫した芋や大根を鍋で煮炊きする傍らで、切り干し大根やたくあん作り等もしました。

　文部省（当時）の研究指定ではじまった交流学習（現在の交流及び共同学習）は、正にこの「里」で展開されました。視察に来た文部省の調査官が－交流ゲームのような活動を想像していたようで－その光景を目の当たりにして、目を丸くしながら驚いていました……。作業量は山のようにありましたので、それぞれの分担に分かれ、子どもたちも教師も正に、本気になって汗を流しました。終わった後には、里で煮炊きした豚汁でお互いを労いました。言葉でのコミュニケーションはできない子どもも含めて、どの子ども、教師の表情にも「活動を共にしてやり遂げた」達成感と満足感、そして連帯感がにじみ出ていました。全6回に渡って連続的に展開されたこの活動は正に「交流」という言葉を越えるドラマでした。

　……さらに、驚いたことがあります。それは、当時の交流相手の中学校から、2年続けて教師が転勤してきたことでした。現在、行われている人事交流ではありません…自ら望んで転勤したのです！「交流学習で感動した！自分もやってみたいと思った！」（数学科）、「この活動の様子で音楽劇のような活動をやりたいと思った！」（音楽科）……。そこで展開されていた活動には、中学校教師をも虜にするような魅力があったのです。お互いが「本気になれる活動」を通してこそ、「本物の交流及び共同学習」が実現するのです。

（佐藤 愼二）

第VII章 試論

共生社会の形成をめざす
障害者理解教育 —5つの提案—

　上記のような問題意識をさらに子ども目線で検討しながら、「これからの障害者理解教育」を検討するポイントを考えたいと思います。以下に、5つの提案をしたいと思います。

| 提案I |
交流及び共同学習と障害者理解教育の
一体的推進と年間計画への位置付け

（1）障害者理解・人権教育と学習指導要領

　検討してきたような学校教育を取り巻く現実も踏まえて、交流及び共同学習・障害者理解教育・人権教育を学校全体として一体的に推進する必要があります。「交流及び共同学習」「障害者理解教育」それぞれでできること・できないことを整理しながら、学校として全体年間計画を検討することになります。学習指導要領には交流及び共同学習・障害者理解教育、人権教育に関する重要事項が多く記述されています。以下に確認してみます。

①「特別の教科 道徳」では

　小学校学習指導要領総則本文（以下、本文及び（解説）は小学校学習指導要領）では、目標として「道徳教育は……自立した人間として他者と共によりよく生きるための基盤となる道徳性を養うことを目標とする」と明確に示し、「「自立した人間」としての主体的な自己は，同時に「他者と共に」よりよい社会の実現を目指そうとする社会的な存在としての自己を志向する。」（解説）としています。

　道徳教育はその本質において、「他者との協働によるよりよい社会の実現」という理念が内在しています。障害者理解教育を推進する柱として、その解説

には「……さらに，障害を理由とする差別の解消の推進に関する法律（平成
25年法律第65号）の施行を踏まえ，障害の有無などに関わらず，互いのよさ
を認め合って協働していく態度を育てるための工夫も求められる。」と明確に
示しています。

② 「特別活動」では

　特別活動の目標は「……互いのよさや可能性を発揮しながら集団や自己の生
活上の課題を解決することを通して，次のとおり資質・能力を育成することを
目指す。(1) 多様な他者と協働する様々な集団活動の意義や活動を行う上で必
要となることについて理解し，行動の仕方を身に付けるようにする。(2) 集団
や自己の生活，人間関係の課題を見いだし，解決するために話し合い，合意形
成を図ったり，意思決定したりすることができるようにする。(3) 自主的，実
践的な集団活動を通して身に付けたことを生かして，集団や社会における生活
及び人間関係をよりよく形成するとともに，自己の生き方についての考えを深
め，自己実現を図ろうとする態度を養う。」という重要な指摘をしています。

　後ほど，「環境との関係の中で考える」原則について提案しますが，特別活
動は「生活上の課題を解決する」という実践力・行動力を育む核になる学習活
動になります。

③ 「総合的な学習の時間」では

　さらに，総合的な学習の時間の目的には「……(2) 実社会や実生活の中か
ら問いを見いだし……(3) 探究的な学習に主体的・協働的に取り組むとともに，
互いのよさを生かしながら，積極的に社会に参画しようとする」とあります。
そして，その解説では，「総合的な学習の時間を通して，自ら社会に関わり参
画しようとする意志，社会を創造する主体としての自覚が…（中略）…期待さ
れているのである。実社会や実生活の課題を探究しながら，自己の生き方を問
い続ける姿が一人一人の児童に涵養されることが求められているのである。こ
の「学びに向かう力，人間性等」については，よりよい生活や社会の創造に向
けて，自他を尊重すること，自ら取り組んだり異なる他者と力を合わせたりす
ること，社会に寄与し貢献することなどの適正かつ好ましい態度として「知識
及び技能」や「思考力，判断力，表現力等」を活用・発揮しようとすることと
考えることができる。」（解説）とされています。共生社会と障害者理解を「実
社会や実生活の課題」として追究する基盤がここには示されています。

　以上，引用が長くなりましたが，共生社会をめざす学習指導要領改訂の中枢
とも言える「教育理念と方向性」がここには謳われています。そして，先の交

流及び共同学習・障害者理解教育の目標とすることは、総合的な学習の時間を核にしたこれらの学習活動の中に明確に見いだすことができます。「人間性等の涵養」に向けて、正に「教科等横断的な」学びの組織化が求められています。

（2）改めて、その方向性は？

これまでの検討と「交流及び共同学習ガイド」（文部科学省，2019）が示す目的も踏まえて、本書が提案する交流及び共同学習・障害者理解教育を包括する方向性として以下を提案します。

> ①お互いが相手のことを考え大切にし、支え合う豊かな人間性を育む。
> ②「障害」をお互いのコミュニケーションの関係や、教室環境や校舎、身のまわりの物、さらには社会との関係の中で、受け止め・考えることができる。
> ③それらの結果として、生活全体や社会の在り方にも目を向け、多様な視点で障害や人権を考えることができ、行動することができる。

今後は交流及び共同学習と障害者理解教育を一体的な教育活動として、年間計画に位置付ける姿勢が求められます。

｜提案Ⅱ｜
子どもの感覚・感情を大切にする

（1）感覚的・生理的な違和感を受け止めて

先に検討したように、大人の世界でも「理解し合えない」現実があります。それは子どもでも同様です。子どもなりの「違う」の気づきがあります。例えば、「うまく話せない」「よだれを流す」「暴れる・叩く」等、子どもなりの「当たり前が通用しない」感覚です。これらは場合によっては「怖い」「気持ち悪い」「汚い」等のかなりネガティブな感情にも結び付きます。

しかし、それらを頭ごなしに否定すれば「思っていても言わない」ことを学ぶだけです。あるいは、大人や教師の前では「言わない」だけで、仲間はずれにつながることもあります。そのような子どもなりの感覚的・生理的な違和感をまずは受け止める必要があります。

（2）感情的な違和感　―「ズルイ」「えこひいき」―

障害等のある子どもたちは、時に、気持ちをうまく抑えることができずに「叩いてしまう」「ルールを守れない」等もあります。仮に叩かれて気持ちのよい子

どもはいないはずですし、「あいつはいつも勝手なことをする」と思って当然です。

　子どもたちの「違和感」に寄り添う際に「自他の個性を尊重し，互いの身になって考え，相手のよさを見付けようと努める集団，互いに協力し合い，主体的によりよい人間関係を形成していこうとする集団」（解説総則編）という学級経営の土台はとても大切です。このような学級集団ができていないところに「○○さんは△△が苦手だから、みんなで応援しよう」と安易にその子の苦手に「配慮」した指導を行えば、結果として「我慢させられるだけ」という不公平感を抱きます。「なぜやらない」「努力が足りない」「あいつだけずるい」…これでは「特別支援」ではなく単なる「特別扱い」になります。

　子どもたちのこのような「素の感情」もしっかりと受け止める必要があります。

（3）使命感や同情する気持ち

　一方で、「障害＝かわいそう＝手伝わなければならない」という使命感や「障害＝不便＝たいへん・苦労が多い」という気持ちを喚起することもあります。このような気持ちも否定しようのない感情として受け止めながら進める必要があります。「自分が逆の立場だったら」ということも踏まえて、「もしかしたら、『本人が望まないお世話』があって不快、迷惑に思うこともあるかもしれない」と一緒に考える教師の姿勢が大事だと思います。

　以上のような感覚や感情を抱くことはむしろ自然なことです。それを受け止めた上でどうするのか—具体的な方法を次に検討したいと思います。

｜提案Ⅲ｜
自己理解・他者理解
―自分の「強さ」「弱さ」そして「寛容性」―

　「相手の気持ちを考えよう」「共生社会をめざすために何をするのか」……等の正解がすでにあるようなスローガンを掲げる授業は、残念ながら正論・価値観の押しつけになりがちです。子どもが先回りして「あるべき」論になってしまうことがあります。提案Ⅱのような「違和感」を自分事として考えてみることで「自己理解・他者理解を深める」という視点が大切になります。

（1）「いいとこみつけ」と「弱さ」の受け止め

　お互いの「いいとこみつけ・いいとこ応援」は欠かせません。友達が思っている「自分のいいとこ」も伝えてもらいながら、自分の中にあるたくさんの「いいとこ」に気づきたいものです。つまり、自分の強さを知ることで子どもは自

らの存在感を確かにします。しかし、第Ⅵ章で検討したように「いいとこ」「強さ」と同時に「苦手」「不得意」「直したいとこ」「弱さ」があり、それらも含めてありのままの自分をまず受け止めて好きになる「自己肯定」の感覚を育む教育が求められています。

　「どんなこと、どんなときに困って、どんな応援をされているだろう」と具体的に考え、あわせて友達との意見交換も交えて「対話的に」「深めていく」必要があるでしょう。もしかしたら「不得意」「苦手」「弱さ」の方が多く、応援されていることがたくさんある自分に気づくかもしれません。「誰もが応援されながら生きている」という感覚に触れていくのだと思います。

　努力の尊さを伝えなからも、「自分が努力してもできない」ことがあり、努力したい強い思いをもっていても障害や病気や家庭環境等によって「努力できない人」もいるかもしれないという理解です。少なくとも「できない・分からない＝努力不足ではない」ということを確認し合い、誰もが「強さ」だけでなく「弱さ」も抱えているということを実感することが、自己理解と他者理解を深めることにつながるのだと思います。

　そして、「弱い」部分については、お互いに支え合っていく学級づくりが共生社会を考えるスタートになるはずです。

（2）「困っても助けてもらえる」安心感

　「弱い自分もさらけ出していい」「困った顔ができる！困っても大丈夫！助けてもらえる！」、つまり、「困らない」子どもではなく、「困ったとき『助けて』」と言える子どもに育てたいのです。「やってみてうまくいかなかったら、助けてもらえる」という安心感、それが次へのチャレンジを生み出すことになります。

　弱い自分も許せる自己肯定の感情とともに、できないことも「お互いに助け合えれば何とかなる」という共生的な感覚、そして「助けて！」と言える力を、正に大切な「生きる力」として育む教育です。その根底的な感覚と力が、他者に対する「寛容性」として涵養され、「内なる差別・偏見」「ゆがんだ自己責任論」への最後の歯止めになるのではないかと思うのです。

　以上のようなプロセスの中で、「努力しない」「怠けている」「変なことをする」「違う」の気づきについても、「何かの理由があるかもしれない」という相手の立場で考える姿勢が醸成されていきます。それが、すなわち「人間性等の涵養」の一つの形に違いありません。

環境要因（人・もの・生活・社会）との関係で考えること

（1）環境・社会・人の関係との相互作用に気づく

　提案Ⅲのような「自己理解・他者理解」を深めつつ、少しずつ、生活や社会との関係の中で「障害」を考えることになります。車椅子に乗って街に出る「バリアフリー探し」企画に参加した学生が語った体験は示唆的です。小学校でも取り上げられることも多い「疑似体験」の在り方を考える上でも参考になります。

> ○街中では目の高さや歩くスピードが違う人の間を、しかも、前後左右から行き交う人々の間を通るのは怖かった。
> ○段差のみならず駐輪自転車、ゴミ箱等がバリアーになる。一方で、平坦な幅の広い歩道は意外に快適であった。
> ○ＮＰＯの人がいたこともあり、電車に乗った。たいへん丁寧に対応してくれた。しかし、周りの人や駅員さんへの負い目・申し訳ない気持ちを感じた。
> ○駅員さんが側にいるものの、ホームはとても怖かった…ブレーキを外せば自然の傾斜で転落するのではないか……。
> ○建物に自動ドアがないとドアが開けられず唖然とした……さらに、途中、突然の雨で中止に……傘を一人でさせない……。
> ○今回の体験に含まれなかったが、家の中でどうやって顔を洗うのか、調理できるのか、お風呂は……。

　普段何気なく使っているドアが開けられない……全てがその学生にとっては貴重な体験になりました。「苦労」「不便」「不自由」は「障害」者個人の問題だけではなく、周りの人のちょっとした理解、生活の上の様々なバリアの問題でもあることを体感しました。

　「障害は人と人の関係や社会・生活の中に存在する」「障害による『苦労・不便・不自由』をもたらしているのは『社会（の構造物）』や『人』であった」という思いもよらない事実に気づきます。つまり、個人の困難さの問題だけでなく、紛れもなく、「『社会や人や生活＝環境』との相互作用の問題」であることを理解することになりました。

　学校で展開される「障害疑似体験」は、自己の「弱さ」「苦手」や「障害」を人・

物・生活・制度など社会環境との関係の中で考える観点から見直す必要がありそうです。なお、その際に、障害支援の専門家であるＮＰＯ等とのコラボレーションも、これからの時代にはさらに求めたいものです。

（2）「障害者基本法」の意義

第1条「この法律は、全ての国民が、障害の有無にかかわらず、等しく基本的人権を享有するかけがえのない個人として尊重されるものであるとの理念にのつとり、全ての国民が、障害の有無によつて分け隔てられることなく、相互に人格と個性を尊重し合いながら共生する社会を実現するため……」とあり、第2条の2には「社会的障壁　障害がある者にとつて日常生活又は社会生活を営む上で障壁となるような社会における事物、制度、慣行、観念その他一切のものをいう。」とあります。

学校教育で展開される「障害者理解教育」は―もちろん学年段階を踏まえる必要がありますが―障害を通して人間関係・社会・生活、すなわち共生社会の在り方を考える教育でなければなりません。困難さや不自由さを疑似体験する取組から、「たいへんなことが多い」という一義的にまとめ方にしては意義が半減するばかりか、「障害＝苦労・たいへん・不便」というような見方の固着化になりかねません。

それらの側面と同時に、「車椅子でもできていること」、できない場合は「〜すればできる」という解決策、さらには「周りや社会を変えたらできること」等の「社会的障壁」にも目を向けていく必要があります。つまり、**相手の立場で考えるとは、その気持ちと同時に置かれている状況や関係性にも思いを寄せることなのだと思います。**「自分だったら、どのような気持ちになるのか……」「こんなときに〜になってしまう」「何を変えればいいのだろう」等と具体的に考えていけるのだと思います。

「招く交流」の木工作業やボッチャでの補助具やランプは「社会的障壁」の除去です。それらを話題にするような形で、交流及び共同学習と障害者理解教育を一体的に展開する発想は、今後さらに検討が求められます。

多様性の尊重
―「違う」を受け止める―

（1）「不公平」「不平等」と学校の現実

　例えば、通常学級の授業の中で、書字や読字に困難がある場合には、デジタルカメラで板書を写したり、紙の教科書の代わりにタブレット端末のデジタル教科書を使用したりする「違う支援」を用意します。発達障害という「見えない」困難さへの「見える」「違う支援」です。しかし、「障害者差別解消法」が制定されてすでに７年経過した今でも「えこひいきになる」「不公平だ」「他の保護者が納得しない」等の理由で、学校としてそれらの「見える違う支援」を認めない現実が多くあります。困難さを抱える子どもが授業中にタブレット端末を使用するときに「ずるい！」とは言わないような学級、むしろそれらの「見える違う支援」が自然に許容される学校・学級文化を創造しなければなりません。

　そのためには、これまで触れてきたような積み重ねをしつつ、仮に「紙の教科書を読むことできないとしたらどうしたらいいのか」を子どもだけでなく、保護者も交えて共に議論し考える必要があると思います。その議論そのものが共生社会の始まりではないでしょうか。

（2）「違っていい」という文化

　身近な例でいえば、めがねをかけている友達がいたときに、その子どもに対して、「ずるい！」「えこひいき！」と非難する友達はいません。「それは不平等だ！不公平だ！」とめがねを外すことを指示する教師もいないでしょう。むしろ、授業中にヒントコーナーを設置したり、学習ペースに応じたプリントを用意したりする取組は多くの通常学級で展開されています。また、跳び箱の授業では、高さの違うコースをいくつか用意します。これらは授業における「当たり前」の「見える違う支援」として定着しています。

　「選べる」＝「違っていい」という安心感のある学級、「『違う』が当たり前」の授業づくりは実は少しずつ進んでいるのです。それが当たり前の学級・授業になれば、「今は困っている佐藤くんがたくさん応援してもらっている。でも、自分が困ったときは助けてもらえる。誰でも困ることができる、お互いに困ってもいい！」という安心感につながるのです。**困ることができる安心感のある学級風土は「見えない違いや困難さを支える『見える違う支援』」に対する子**

どもたちの許容性・寛容性を高めることになります。

（3）「違う」支援があるからこそ「平等・公平」になる

　木工や調理活動を中心にした「招く交流」では、様々な補助具・教材教具を用意します。一人一人の「違い」に対して、一人一人に応じて「できるための違う支援」を整えます。通常学級の子どもたちが「違って当たり前」「違う支援だからできる」を目の当たりにして、体感することはとても大切です。

　人には「困ること」「できないこと」「その違い」が様々あり、「違う困り方」には「違う支援」が必要で、「違う支援があれば困らない」ということを一緒に考えていく必要があります。「違う（困難さ）」に対して「学校生活の中でどうしたらいいのか」、さらには「社会の中でどうしたらいいのか」を共に考えていく―それがすなわち、共生社会を考える第一歩だと思います。そして、「**違う・多様な支援」があるからこそ「平等」「公平」になっている**ことを考える入口なのだと思うのです。

（4）私たち教師の姿勢・思いとして

　解説総則編には「一人一人の特性等に応じた必要な配慮等を行う際は，教師の理解の在り方や指導の姿勢が，学級内の児童に大きく影響することに十分留意し，学級内において温かい人間関係づくりに努めながら，「特別な支援の必要性」の理解を進め，互いの特徴を認め合い，支え合う関係を築いていくことが大切である。」という一説があります。

　お互いの強さや弱さを認め合い支え合う雰囲気のある学級の中で、誰もが大小様々な「違う」支援を受けています。「違う」支援の連続線上に「障害」への支援、すなわち「特別な支援」があります。文中には「特別な支援」とありますが、「**特別ではない『めがね』」のような支援の多様性・豊かさが当たり前にある学級・学校の風土が、子どもたちの中の寛容性を醸成していく**のだと思います。そして、そのような教師の姿勢・思いが「あらゆる他者を価値のある存在として尊重し、多様な人々と協働」する社会の創り手を育てることにつながるのだと思うのです。

　本章は「試論」として検討してきました。今後は「実践」の中で確かめ改善し、より確かな「交流及び共同学習・障害者理解教育」の創造に力を尽くしていきたいと思います。

おわりに

　42 年前、筆者が大学に入学したばかりの授業での出来事は脳裏に焼き付いています。車椅子に乗った当事者数名とそれを支援する学生グループが、授業中の教室に（おそらく事前の許可なく突然）入室し、担当教員と「障害者差別と教育」について激しい議論を始めたのです。唖然として見守るしかありませんでした。その後、その学生仲間と交流する機会も得て、卒論で「障害者差別」を取り上げました。当時は「異常児心理学」という科目があり、「精神薄弱」（現在の知的障害）に対して、白痴・痴愚・魯鈍という差別用語が授業でも平然と使用される時代でした。

　その当時、さらには障害のある娘を授かった 30 数年前と現在とを比べれば、障害者支援・教育のありようは、量的にも・質的にも隔世の感があるほどに充実しています。まだまだ課題があるものの、当事者にもその親にもやさしい社会・教育になりました。そして、それは様々な法律にも反映されました。たとえば、障害者基本法第 1 条には「…障害の有無によつて分け隔てられることなく、相互に人格と個性を尊重し合いながら共生する社会を実現する」と記され、「共生社会の実現」に向けた決意と覚悟が法律で明確に示されることになりました。

　しかし、斯界の先達が、正に、地道に積み上げてきた営みを根底から打ち砕く痛ましい事件が起きました。「やまゆり園事件」です。人間の心底に横たわる「差別意識」がむき出しの敵意となって、この社会に叩きつけられることになりました。そして、その刃は、他でもなく、特別支援・障害者支援に携わる私たち一人一人の胸にも突きつけられているのです。その自覚の上で、「あらゆる他者を価値ある存在として尊重」する学校教育のありようを問い続ける必要があります。

　障害者基本法第 16 条は「3　国及び地方公共団体は、障害者である

児童及び生徒と障害者でない児童及び生徒との交流及び共同学習を積極的に進めることによつて、その相互理解を促進しなければならない。」と規定しています。「交流及び共同学習」は、その名称自体が法律本文に記載されるという、希有な位置づけにある重要な教育活動である点を最後に強く確認し合いたいと思います。

「よりよい学校教育を通してよりよい社会を創る」私たちは共生社会の実現をめざす極めて未来的な役割を担います。その意味で、交流及び共同学習と障害者理解教育の追究は極めて今日的な教育課題なのです。

最後になりましたが、「植草学園ブックス特別支援シリーズ10」として本書を発刊する機会を与えていただきましたジアース教育新社の加藤勝博社長様、そして、原稿整理、校正作業から発刊まで丁寧に進めていただきました市川千秋様には、この場を借りて心からの感謝を申し上げます。

2021（令和3）年2月

佐藤　愼二

【著者紹介】

佐藤 愼二（さとう・しんじ）

　植草学園短期大学 こども未来学科 学科長。放送大学客員教授。

　明治学院大学社会学部卒業、千葉大学大学院教育学研究科修了。千葉県内の知的障害特別支援学校及び小学校情緒障害通級指導教室での23年間の勤務を経て現職。2020年度千葉県総合支援協議会療育支援専門部会座長、千葉県特別支援教育専門家チーム委員ほか。特別支援教育士スーパーバイザー。

　主な著作：『今日からできる！発達障害通級指導教室－子どもの社会性を育てる授業のアイデアと「学習シート」274－』（ジアース教育新社，2020）、『「気になる」子ども 保護者にどう伝える？』（ジアース教育新社，2017）、『今日からできる！通常学級ユニバーサルデザイン－授業づくりのポイントと実践的展開－』（ジアース教育新社，2015）、『知的障害特別支援学校 子ども主体の授業づくりガイドブック』（東洋館出版社，2020）、『入門 自閉症・情緒障害特別支援学級－今日からできる！自立活動の授業づくり－』（東洋館出版社，2019）、『逆転の発想で魔法のほめ方・叱り方－実践 通常学級ユニバーサルデザインⅢ－』（東洋館出版社，2017）、『実践 通常学級ユニバーサルデザインⅠ－学級づくりのポイントと問題行動への対応－』（東洋館出版社，2014）、『実践 通常学級ユニバーサルデザインⅡ－授業づくりのポイントと保護者との連携－』（東洋館出版社，2015）、『学びにくい子へのちょこっとサポート 授業で行う合理的配慮のミニアイデア』（編著，明治図書出版，2019）、『改訂新版 知的障害教育総論』（編著，NHK出版，2020）、『実践 知的障害特別支援学級－子ども主体の授業づくりのために－』（責任編集，ケーアンドエイチ，2018）ほか。

向野 紀子（むくの・のりこ）

　船橋市立高根台第三小学校教諭。知的障害特別支援学級担任。

　千葉大学教育学部特別支援学校教員養成課程卒業。千葉県内の知的障害特別支援学校及び小学校知的障害特別支援学級で35年間勤務。教育公務員弘済会教育研究論文優秀賞受賞（1999年度）、全日本特別支援教育研究連盟研究奨励賞受賞（2006年度）、船橋市教育研究論文奨励賞受賞（1998年度）、優秀賞受賞（2004年度）、千葉県特別支援教育研究連盟研究実践奨励賞受賞（2003年度、2007年度）、船橋市教育功労賞受賞（2020年度）ほか。

　主な著作：『特別支援学級はじめの一歩』（執筆分担，明治図書出版，2015）、『特別支援教育 学習指導案の書き方』（執筆分担，K＆H，2016）。

森 英則（もり・ひでのり）

　成田市立神宮寺小学校教諭。知的障害特別支援学級担任、特別支援教育コーディネーター。

　横浜国立大学卒業。千葉県内の特別支援学校及び小学校特別支援学級で15年間勤務。

　主な著作：『効果的な交流及び共同学習の在り方についての一考察－招く形態の授業実践を通して－』（植草学園短期大学紀要 第21号，2020）。

（2021年2月現在）

植草学園ブックス
特別支援シリーズ**10**

今日からできる！

小学校の交流及び共同学習
障害者理解教育との一体的な推進をめざして

2021 年 2 月 28 日　初版第 1 刷発行

■　　著　　佐藤 愼二・向野 紀子・森 英則
■　発行人　加藤 勝博
■　発行所　株式会社ジアース教育新社
　　　　　　〒 101-0054　東京都千代田区神田錦町 1-23　宗保第 2 ビル
　　　　　　TEL：03-5282-7183　FAX：03-5282-7892
　　　　　　E-mail：info@kyoikushinsha.co.jp
　　　　　　URL：https//www.kyoikushinsha.co.jp/

■表紙・本文デザイン・DTP　株式会社彩流工房
■印刷・製本　三美印刷株式会社
Printed in Japan
ISBN978-4-86371-573-8
定価は表紙に表示してあります。

植草学園ブックス 特別支援シリーズ

発行：ジアース教育新社

知的障害教育の本質
―本人主体を支える

著：小出進　本体 2,700 円＋税
A5 判／360 頁　ISBN978-4-86371-268-3

知的障害教育の本質とは―？　日本の特別支援教育を牽引し、特に知的障害教育に長年携わってきた著者の、膨大な著作の中から選び抜いて編まれた珠玉の一冊。生活中心教育に出会い、子ども主体の豊かな学校生活実現のために掲げたその理念と方法について、あますず論じます。

今日からできる！
通常学級ユニバーサルデザイン

編著：佐藤愼二　本体 2,400 円＋税
A4 判／114 頁　ISBN978-4-86371-312-3

話し方や板書の工夫、共有化、視覚化…。子どもを取り巻く学校生活や授業そのものに着目し改善を目指すユニバーサルデザイン。優れた実践研究に基づき、通常学級でユニバーサルデザインを実践する際の視点を様々に提案します。各校の実情に応じて活用できる国語・算数の指導案モデルも掲載。

介護現場のリーダー
お助けブック

編著：川村博子・漆澤恭子・古川繁子・根本曜子　本体 1,700 円＋税
B5 変型判／96 頁
ISBN978-4-86371-405-2

介護職の求人ニーズが高まるものの、早期離職率のやや高い日本。介護分野で働くコミュニケーションに困難のある方と、彼らを指導・支援するリーダーのため、具体的な支援方法を事例を踏まえてわかりやすくまとめた一冊です。

中学校・高等学校
発達障害生徒への社会性指導

編著：桑田良子　本体 2,000 円＋税
B5 判／176 頁　ISBN978-4-86371-415-1

中学、高校の通常学級にも多く在籍する自閉症スペクトラムや ADHD、LD の生徒に向けて―。構成的グループエンカウンター、グループワーク、ソーシャルスキルトレーニングなど、教科学習の中でもできる教育プログラムの数々を紹介しつつ、「人と関わる力」の基礎となる社会性の指導方法を、実践に基づいて示します。

「子どもが主人公」の保育

著：木下勝世　本体 1,700 円＋税
A5 判／184 頁　ISBN978-4-86371-417-5

半世紀にわたって知的障害児教育・幼児教育・大学教育に携わってきた著者が、"子どもが主人公"の保育"インクルーシブ保育"の実践を追求。幼稚園でのエピソードをまじえながら、障害の有無にかかわらず、どの子にもニーズに応じた支援を行い、すべての子どもが共に生き、育ち合う園生活の実現を目指す保育とはどのようなものか考えます。

「気になる」子ども
保護者にどう伝える？

著：佐藤愼二　本体 1,700 円＋税
A5 判／120 頁　ISBN978-4-86371-437-3

子どもの保護者に、「気になる」ところをどう伝えたらよいのか。保護者に伝える際の心構えや面談の準備、面談のテクニック、その後のフォローまでをわかりやすく解説します。「どう伝えるのか？」とともに、保護者は「どう伝えてほしいのか？」ということにも焦点をあてています。

「各教科等を合わせた指導」
エッセンシャルブック

著：名古屋恒彦　本体 2,000 円＋税
四六判／164 頁　ISBN978-4-86371-504-2

インクルーシブ教育システム構築が進む中、関心が高まる「各教科等を合わせた指導」。そのポイントを現場目線にこだわってまとめました。「各教科等…」の意義や歴史、テーマのある学校生活づくり、ライフステージに即した指導、学習評価などのポイントを整理し、「リアルの教育学」として提案します。

今日からできる！
発達障害通級指導教室

編著：佐藤愼二　著：大山恭子
本体 2,400 円＋税
A4 判／116 頁　ISBN978-4-86371-535-6

発達障害通級指導教室の先生のための、「今日からできる！」実践書。「学習シート」を使った授業の提案や、子どもたちの困った行動への対応など、ポイントを押さえて解説します。プリントアウトしてすぐ使え、アレンジもできる 274 枚の「学習シート」付き。